MOEWIG
ROMAN

Hugo Wiener
Strichweise Sonne

Neue Satiren

MOEWIG

MOEWIG Band 2274
Moewig Taschenbuchverlag Rastatt

Lizenzausgabe mit Genehmigung des Amalthea Verlag, Wien
Umschlagillustration: Rudolf Angerer
Umschlagentwurf und -gestaltung: Franz Wölzenmüller, München
Verkaufspreis inkl. gesetzl. Mehrwertsteuer
Auslieferung in Österreich:
Pressegroßvertrieb Salzburg, Niederalm 300, A-5081 Anif
Printed in Germany 1984
Druck und Bindung: Elsnerdruck GmbH, Berlin
ISBN 3-8118-2274-8

Inhalt

Strichweise Sonne

Strichweise Sonne? Wieso? Es heißt doch immer „Strichweise Regen". Lesen Sie den World-Wetterbericht:

Frosteinbruch zwischen der Sowjetunion und den USA. Einfrieren der Beziehungen zwischen Ost und West. Ein allgemeines Tief lagert zwischen den Handelszonen und fördert das Sinken des Wirtschaftswachstums sowie das Steigen der Inflation. Ein Auftauen der Entspannung führt zu neuem Druck und bringt beständig unbeständiges Wetter auch in unseren Raum. Bombenartige Niederschläge auf der ganzen Welt. Dichter Nebel verhüllt politische Skandale. Ein Hoch aus dem Nahen Osten treibt die Ölpreise in die Höhe. Klimaverschlechterung überall. Wettervoraussage für die nächsten Jahrzehnte: gleichbleibend, eventuell Wetterverschlimmerung.

Wer sehnt sich bei einem solchen Wetter nicht nach ein bißchen Sonne? Auch wenn sie nur strichweise scheinen würde … ?

Strichweise Sonne. Ist das nicht unser Leben? Kaum erfreuen wir uns an einem kleinen Sonnenstrahl, folgt schon die kalte Dusche.

Nachfolgend drei Beispiele. Urteilen Sie selbst:

Egon konnte es nicht fassen. Was war mit seiner Frau geschehen? Ansonsten unfreundlich, streitsüchtig, mürrisch - war sie heute plötzlich nett, umgänglich und liebenswürdig geworden. Übermorgen hatte sie Geburtstag, und „Übermorgen hast du Geburtstag", hatte er ihr gesagt, „und ich weiß noch immer nicht, was ich dir schenken soll." Er hatte erwartet, daß sie zischen würde: „Du weißt ja nie, was du mir schenken sollst! Was bedeute ich dir denn schon? Ja, wenn ich die blonde Verkäuferin aus deinem Geschäft wäre - da wüßtest du es! Aber ich? Ich bin doch bloß deine Haushälterin! Deine Köchin! Deine Krankenschwester!" Das hatte er erwartet - aber nein.

„Nichts sollst du mir schenken", sagte Martha, so hieß sie, milde. „Ich habe ein Kleid, einen Mantel, ein Paar Schuhe -

mehr brauche ich nicht. Kauf doch du dir etwas für das Geld. Ein modernes Hemd, eine schöne Krawatte ... "

„Unsinn", sagte Egon, noch ganz verwundert. „*Du* bist doch das Geburtstagskind. Willst du, daß ich dir ein gutes Buch kaufe?"

„Wozu denn, Egon?" meinte sie sanft. „Ich lese seit Jahren denselben Roman, ich weiß wie er endet, er regt mich nicht mehr auf - kauf lieber du dir etwas. Eine schöne Illustrierte mit nackten Frauen."

Egon sah sie an. Was war in sie gefahren? „Wie wäre es mit einer Flasche Parfüm?" fragte er.

„Du bist verrückt, Egon. Anstatt mit deinen Freunden auszugehen und dich ein bißchen zu zerstreuen, willst du dein sauer verdientes Geld für mich ausgeben? Gönne dir doch selbst etwas. Warum lädst du nicht einmal die blonde Verkäuferin aus deinem Geschäft ein? Ihr könntet zusammen essen gehen und dabei meinen Geburtstag feiern."

„Und du?" fragte Egon verdutzt. „Was wirst *du* an deinem Geburtstag machen?"

„Um mich mache dir keine Sorgen", antwortete Martha. „Ich habe soviel zu tun. Ich werde an meinem Geburtstag die Wohnung gründlich machen, werde die Fenster putzen, werde dir alle Knöpfe nachnähen ... "

In diesem Augenblick läutete das Telefon, und Egon, der das Ganze nur geträumt hatte, war erwacht.

Strichweise Sonne ...

Lehmann, Generaldirektor der Polymerisat-Kunststoffwerke, saß hinter seinem Schreibtisch. Plötzlich klopfte es. „Ja", sagte Lehmann, nicht sehr einladend. Ein Mann, in schlichter Arbeitskleidung, trat ein.

„Herr Generaldirektor haben mich rufen lassen?"

„Sind Sie Herr Siebert?"

„Ja, Herr Generaldirektor."

„Setzen Sie sich, ich wollte Sie schon immer kennenlernen. Sie erzählten vor ungefähr drei Jahren Ihren Arbeitskollegen, Sie hätten in der vorgehenden Nacht geträumt, daß die IKW-Aktien fallen würden. Stimmt das?"

„Ja, Herr Generaldirektor."

„Ich habe damals die Aktien abgestoßen. Sie sind gefallen, und ich habe mein Vermögen gerettet."

„Das freut mich, Herr Generaldirektor."
„Ich ließ Sie daraufhin beobachten. Vor zwei Jahren hörte ich, Sie hätten in der Nacht geträumt, das Staatslotterielos Nummer 32846 werde gezogen werden – und zwar mit dem Haupttreffer: fünf Millionen Schilling. Es gelang mir, das Los zu bekommen. Es *wurde* gezogen, ich gewann fünf Millionen Schilling, steckte den Betrag in die Fabrik und machte in den letzten zwei Jahren aus den fünf Millionen fünfzig Millionen."
„Ich bin glücklich, Herr Generaldirektor."
„Vorgestern hörte ich wieder von einem Ihrer Träume. Sie hatten in der Nacht geträumt, daß die Maschine, mit der ich nach den Bahamas fliegen sollte, abstürzen werde. Ich habe den Flug verschoben. Eben hörte ich im Radio, daß die Maschine wirklich abgestürzt ist."
„Ich bin fassungslos", stammelte Siebert.
„Ich habe Ihretwegen mit dem Personalchef gesprochen."
„Herr Generaldirektor!" Siebert war außer sich vor Freude. Jetzt war es soweit. Jetzt würde er endlich befördert werden, würde ein höheres Gehalt bekommen, würde sich ein kleines Häuschen leisten können ...
„Ich möchte Ihnen eine Mitteilung machen, lieber Siebert."
„Ja, Herr Generaldirektor?"
„Sie sind entlassen."
„Entlassen?" fragte Siebert bestürzt. „Warum?"
„Weil Sie als Nachtwächter bei mir angestellt sind", entgegnete Lehmann, „und Nachtwächter, die bei Nacht träumen, kann ich nicht brauchen."
Strichweise Sonne ...

Peter war verliebt. In Jutta. Er machte ihr einen Heiratsantrag.
„Willst du meine Frau werden?" fragte er sie.
„Ich kenne dich zu wenig", antwortete Jutta. „Darf ich dir einige Fragen stellen?"
„Selbstverständlich", sagte Peter. Er war selig. Er war überzeugt, daß er alle ihre Fragen zufriedenstellend beantworten würde.
„Wirst du mir immer treu sein?" begann sie.
„Immer."
„Wirst du dagegen sein, wenn ich verlange, daß meine Mutter mit uns wohnt?"

„Nein."
„Wirst du deine Freunde aufgeben?"
„Alle."
„Wirst du aufhören zu rauchen und zu trinken?"
„Wenn du es verlangst?"
„Wirst du mir immer Geld geben, ohne zu fragen, was ich damit mache?"
„Ich werde ein gemeinsames Bankkonto anlegen, da kannst du abheben, soviel du willst."
„Dann sage ich nein."
„Jutta!" schrie Peter auf. „Warum?"
Drauf Jutta: „Weil ich einen solchen Trottel nicht heirate."

Egon, Siebert, Peter - jeder von ihnen war einige Augenblicke lang glücklich gewesen. Sie hatten die Sonne gespürt, die zwar nicht bräunt, die aber das Herz wärmt.

Lesen Sie die folgenden Geschichten, liebe Leserinnen und Leser. Vielleicht finden auch Sie ein bißchen Sonne - wenn auch nur strichweise ...

Dankbarkeit

Im Leben eines jeden Menschen gibt es etwas, wofür er dem Schicksal dankbar sein sollte. Wenn Sie arm sind und wenn Sie Schulden haben, seien Sie dankbar, daß Sie nicht einer Ihrer Gläubiger sind.

Auch mir sprach einmal ein Mensch seinen Dank aus. Ich hatte ihn gesund gemacht, ohne es zu wissen. Und ich bin dankbar, daß er mir dankbar ist, denn eines der schönsten Gefühle ist die Dankbarkeit.

Ich saß im Kaffeehaus.

„Entschuldigen Sie", kam ein Herr auf mich zu. „Sie sind doch Herr Wiener?"

„Ja", sagte ich.

„Darf ich?" Er setzte sich zu mir. Ich betrachtete ihn. Er sah aus wie einer, der mit dem Leben zufrieden ist. Gepflegt, gut gekleidet, und vor allem: er strotzte vor Gesundheit.

„Sie sind doch der Autor, der diese lustigen Satiren schreibt?" fragte er mich.

„Ja." Meine Brust schwellte sich vor Stolz, und von meinem Anzug, der mir etwas zu eng war, sprang ein Knopf ab.

„Gestatten Sie, daß ich Ihnen meinen Dank ausspreche", fuhr der Herr fort. „Mein Name ist Weber. Sie haben mich dem Leben wiedergegeben."

Verwundert sah ich ihn an.

„Ich war krank", setzte er fort. „Sehr krank. Es war nichts Organisches, ich war seelisch krank, ich litt an Depressionen. Ich war schwermütig, unglücklich, melancholisch, kämpfte ständig mit den Tränen, nichts auf der Welt konnte mich aufheitern, ich war dem Selbstmord nahe. Ich lag monatelang in einer Nervenklinik, als mir meine Frau eines Tages eines Ihrer Bücher brachte."

Aha, dachte ich geschmeichelt. Er hat es gelesen, hat zuerst geschmunzelt, dann gelächelt, dann gelacht, mein Humor gab ihm neuen Lebensmut, er wurde gesund.

„Welches meiner Bücher war es?“ fragte ich interessiert.

„Ich weiß es nicht“, antwortete er. „Ich legte es auf mein Nachtkästchen - ich sah es zunächst gar nicht an. Am nächsten Tag besuchte mich meine Frau wieder. ‚Hat es dir gefallen?‘ erkundigte sie sich.

„Was?“

„Das Buch, Hasi.“

„Was für ein Buch, Hasi?“ fragte ich etwas unwirsch.

„Das Buch, das ich dir gestern gebracht habe.“

„Ich habe es noch nicht gelesen.“

„Aber Mausi! Nicht einmal *eine* Geschichte?“

„Nein.“

„Das solltest du aber. Es würde dich erheitern.“

„Mich kann nichts erheitern.“

„Das glaubst du doch selber nicht, Affi. Du wirst sehen, du wirst lachen, und das ist wichtig. Der Arzt sagt, wenn du erst wieder lachst, bist du gesund.“

„Ich kann aber nicht lachen!“ sagte ich weinerlich.

„Weil du nicht willst, Bärli! Ich komme morgen wieder - versprich mir, daß du bis dahin das Buch gelesen hast.“

„Ich verspreche es dir.“ Sie ließ mich allein. Ich nahm das Buch zur Hand und las: Hugo Wiener, Heiterkeit auf Lebenszeit, neue Satiren mit Zeichnungen von Rudolf Angerer, Amalthea. Ich konnte nicht lachen, also legte ich es wieder weg. Am nächsten Tag kam meine Frau wieder.

„Hast du es gelesen?“ fragte sie.

„Was?“

„Das Buch, Vogili.“

„Was für ein Buch?“

„Das Buch, das ich dir gebracht habe.“

„Ich habe damit begonnen.“

„Und wie weit bist du gekommen?“

„Nur über die Titelseite.“

„Das ist zu wenig, mein Maikäferli. Du mußt weiterlesen. Du wirst sehen, wie lustig es ist.“ Sie sprach wie zu einem kleinen Kind. „Da sind die Geschichten vom Dr. Robinson, vom Dr. Wronsky, vom kleinen Ladi und so fort.“ In mir kochte es. Trotzdem, als sie gegangen war, las ich weiter. Zweite Seite:

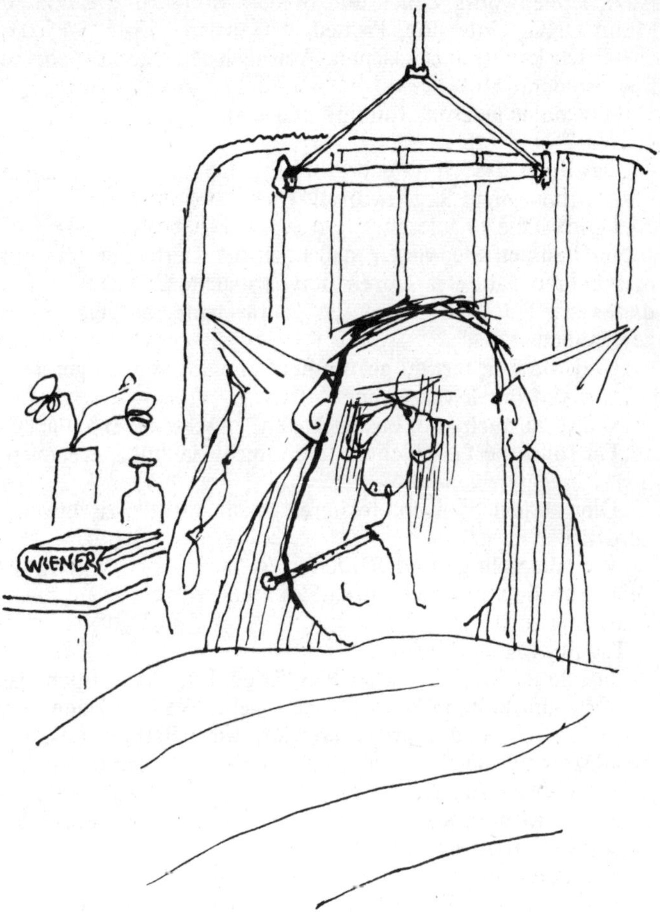
WIENER

1979 by Amalthea Verlag, Wien-München, alle Rechte vorbehalten, Schutzumschlag Rudolf Angerer, Satz Druckerei Ludwig Auer, Donauwörth, Druck und Binden Mohndruck, Reinhard Mohn OHG, Gütersloh, Printed in Germany, ISBN 3-85002-108-4. Ich konnte nicht lachen. Am nächsten Tag kam meine Frau wieder.

„Hast du es gelesen, Taubili?“ fragte sie.

„Was?“

„Das Buch, das ich dir gebracht habe. Du hattest es mir doch versprochen, mein Regenwurmi!“

„Ja, ich habe es gelesen.“

Nun müssen Sie wissen, daß mich die Tiernamen, die mir meine Frau gab, seit Jahren nervös machten. Vielleicht war dieses ‚Ja, ich habe es gelesen‘, etwas lauter ausgefallen als gewöhnlich.

„Und wie weit bist du gekommen?“ fragte sie mich gereizt.

„Bis zum Inhaltsverzeichnis.“

„Willst du mich zum besten halten?“ zischte sie mich an. „Du sollst die Geschichten lesen, nicht das Inhaltsverzeichnis!“

„Die Geschichten interessieren mich nicht!“ zischte ich zurück.

„Weil du nicht gesund werden *willst!*“ schrie sie. „Weil es dir gefällt, im Bett zu liegen, anstatt zu arbeiten!“

So ging es weiter.

Tag für Tag.

Hast du das Buch gelesen? Was für ein Buch? Das Buch, das ich dir gebracht habe. Nein. Warum nicht? Weil ich keine Lust habe. Wir wurden immer gereizter, wir befetzten uns, wir beleidigten uns. Die Tiere, nach denen sie mich nannte, wurden immer größer. Aus dem Mausi wurde ein Ochse, aus dem Hasi ein Nilpferd und aus dem Regenwurmi ein Rhinozeros. Wir begannen uns zu hassen.

Und eines Tages, als ich sie ein Trampeltier nannte und sie mich einen Orang-Utan, nahm ich das Buch und warf es ihr an den Kopf. Das war ihr zuviel. Sie ging zum Anwalt und brachte die Scheidungsklage ein - und dafür muß ich Ihnen danken, danken, danken! Ich bin jetzt mit der jungen Krankenschwester verheiratet, die mich in der Klinik betreut hat, ich bin glücklich, ich bin gesund, ich habe keine Depressionen mehr, ich kann wieder lachen! Sie und Ihr Buch haben mich dem Leben wiedergegeben!" Er drückte mir die Hand und ging an seinen Tisch zurück.

So war es also. Ich war ein wenig enttäuscht. Eines meiner Bücher hat einen Menschen glücklich gemacht - und nur, weil er es nicht gelesen hat.

Babysitter

Es stimmt: Kinder halten eine Familie zusammen. Die Eltern gewöhnen es sich ab, am Abend auszugehen, sie bleiben zu Hause, sitzen vor dem Fernsehapparat - speziell wenn sie keinen Babysitter haben. Natürlich gibt es Gelegenheiten, bei denen man nicht nein sagen kann. Dazu gehören Einladungen zu Partys, Geschäftsjubiläen, Hochzeiten etc. In solchen Fällen sucht man im Bekanntenkreis nach einem Menschen, der bereit ist, die lieben Kleinen zu beaufsichtigen. So wurde auch ich eines Abends zum Babysitter.

Weidemanns sind unsere Nachbarn. Sie haben zwei süße Kinder: Monika 6, Herbert 8. Liebe Kinder, kluge Kinder. Eines Tages klopft Weidemann an unsere Tür. „Sie müssen mir einen Gefallen tun“, bat er.

„Ja?“ sagte meine Frau.

„Ich habe den Besuch eines Geschäftsfreundes aus der BRD erhalten. Ich bin ihm irgendwie verpflichtet, er will am Abend unbedingt in die Staatsoper gehen, ich habe Sitze besorgt, und weil er mit seiner Frau gekommen ist, muß auch ich meine Frau mitnehmen, nach der Vorstellung sind wir gezwungen, mit ihnen essen zu gehen - würden Sie so liebenswürdig sein und bei den Kindern bleiben? Sie wissen, wie brav sie sind - sie werden Ihnen bestimmt keine Unannehmlichkeiten bereiten. Es war uns unmöglich, einen Babysitter aufzutreiben.“

Meine Frau spielte am Abend Theater - also sittete ich. Ich versuchte vom Anfang an, mich bei den Kindern beliebt zu machen. Herbert brachte ich ein Karl-May-Buch mit - „Der Schatz im Silbersee“ -, worauf er mir einen mitleidigen Blick zuwarf. Er interessierte sich mehr für Kybernetik und den Bau von Computern. Erst als ich ihm einredete, daß die heutigen Indianer Computer besäßen, die nicht nur die Spuren für sie lesen und die Friedenspfeifen rauchen, sondern ihnen auch verraten, in welchem Supermarkt sie die billigsten Mokassins bekommen, begann er, sich für das Buch zu interessieren. Während er es durchblätterte, plauderte Monika mit mir. Sie fragte mich, ob meine Frau wirklich meine Frau sei, ob sie meine erste Frau sei - „Mami ist Papis zweite Frau" - ob ich der erste Mann meiner Frau sei - „Papi ist Mamis zweiter Mann" - und erkundigte sich schließlich: „Wenn ich groß bin, werde ich dann einen Mann bekommen, wie Papi einer ist?"

„Ja", sagte ich.

„Und wenn ich nicht heirate, werde ich dann ein altes Mädchen sein wie Tante Karoline?"

„Ja."

Monika seufzte. „Dann bin ich in einer schrecklichen Lage."

Herbert legte das Buch weg. „Konnte Old Shatterhands Pferd wirdklich so schnell laufen?" fragte er mich.

„Wie der Teufel. Und wenn Old Shatterhand in Gefahr war und ihm leise ins Ohr sagte ‚RIH! RIH!', flog es direkt durch die Luft."

„Zeig mir das!" Ich kniete mich auf allen vieren auf den Boden. „Jetzt bist du mein Pferd!" rief Herbert. Ich war nicht nur ein Pferd, ich war ein Esel, ein Ochs, ein Kamel, daß ich mich auf so etwas eingelassen hatte. Herbert bestieg meinen Rücken, hauchte mir „RIH! RIH!" ins Ohr und jagte mich durch das Zimmer. „Schneller, schneller!" rief er und bohrte mir die Sporen in meine Flanken. Monika hatte sich inzwischen in einen Komantschenhäuptling verwandelt. Sie war auf einen Schrank geklettert und beschoß Old Shatterhand mit Pfeilen, wobei es ihr gelang, ganz gegen alle indianischen Gewohnheiten, mit hundertprozentiger Sicherheit immer nur das Pferd zu treffen. Es mußte etwas geschehen. „Genug jetzt!" sagte ich. „Ich werde euch ein neues Spiel zeigen." Es war ein Trick, den ich mir in meiner kurzen Pferdetätigkeit ausgedacht hatte.

„Was für ein Spiel?" fragte Monika und kam vom Schrank herunter. Ja, was für eines? Mir fiel im Moment keines ein, aber etwas mußte ich sagen. „Paßt auf", begann ich. „Einer von uns sagt einen Satz. Zum Beispiel: Ich muß fort."

„Und dann?" fragte Monika. Eine vernünftige Frage. Was wirklich dann? „Dann", setzte ich fort, „sagt zum Beispiel der zweite: Ich fahre zu Onkel Wanja nach Leningrad."

„Was machst du dort?" erkundigte sich Herbert.

„Das ist der dritte Satz!“ sagte ich schnell. „Drauf sagt der erste - wieder nur zum Beispiel: ‚Ich liebe die Donau.‘“

„Ein dummes Spiel“, meinte Herbert.

„Wieso?“ verteidigte ich meine Idee. „Das Spiel ist gar nicht dumm - ihr müßt es nur richtig spielen. Der erste Satz heißt immer: ‚Ich muß fort‘, der zweite: ‚Wohin?‘, im dritten folgen ein Name und eine Stadt, die glaubhaft zueinander passen müssen, der vierte ist die Frage: ‚Was machst du dort?‘, und der fünfte muß den größtmöglichen Nonsens bringen. Eine Antwort ist ein Pluspunkt, keine oder eine falsche Antwort ein Minuspunkt. Jeder von uns zahlt einen Schilling in die Kasse, ein Pluspunkt hat einen Wert von zehn Groschen und wird am Schluß des Spieles ausbezahlt.“

Das Spiel war geboren. Es war ein richtiger Einfall. Es ist lehrreich, lehrt die Kinder schnell denken und weckt ihre Reiselust. Ich nahm mir vor, es in den nächsten Tagen im Unterrichtsministerium vorzuschlagen, damit es an allen Schulen gespielt werden kann. Ich werde es im Fernsehen zeigen, werde die Spielregeln in Buchform herausgeben - Spielregeln, die ich noch erfinden mußte - man wird es in alle Sprachen übersetzen - die japanischen Kinder werden es ebenso gern spielen wie die südafrikanischen - es wird mich zum reichen Mann machen.

Monika begann: „Ich muß fort.“ Herbert: „Wohin?“ Monika: „Zu Tante Ilona nach Budapest.“ Herbert: „Was machst du dort?“ Monika: „Ich pflücke Datteln.“

Sehr gut! Monika bekam einen Pluspunkt. „Die Siegerin beginnt“, sagte ich. Monika: „Ich muß fort.“ Herbert: „Wohin?“ Monika: „Zu Onkel Peterson nach Hamburg.“ Herbert: „Was machst du dort?“ Monika: „Ich pflücke Datteln.“

„Das hast du schon gesagt!“ rief Herbert. „Minuspunkt!“ entschied ich. Bei dieser Gelegenheit fiel mir auf, daß ich überhaupt nicht mitspielte. „In so einem Fall“, sagte ich deshalb schnell, „beginnt der dritte Mitspielende - also ich. Ich muß fort.“

„Wohin?“ fragte Herbert.

„Zu meiner Kusine Madeleine nach Paris.“ Ich hatte vor vielen Jahren in Paris eine kleine Freundin, die Madeleine hieß. Ich weiß nicht, wieso sie mir gerade jetzt einfiel.

„Was machst du dort?“ fragte Herbert. Was würde ich wirklich dort machen? Madeleine ist längst eine alte Dame und selbst, wenn sie jung geblieben wäre, wäre immerhin ich –? „Ich putze meine Zähne“, sagte ich. Ich glaube, zu mehr würde es nicht reichen, auch nicht in Paris.

„Pluspunkt!“ riefen die Kinder. Das Spiel begann ihnen zu gefallen. Wir spielten es während der nächsten Stunden und konnten nichts anderes mehr denken, als „Ich muß fort“, „Wohin?“ und „Was machst du dort?“ Endlich kam meine Frau.

„Da bin ich!“ sagte sie.

„Ich muß fort“, nickte ich ihr zu.

„Wohin?“

„Zu Scheich Abdul al Biri nach Saudi Arabien.“

„Was machst du dort?“ fragte sie und zog erstaunt die Augenbrauen hoch.

„Ich erkundige mich, wann der nächste Zug nach Venedig geht.“ Meine Frau erschrak, die Kinder johlten. „Ich muß fort“, sprach ich weiter, da ich ja einen Pluspunkt errungen hatte.

„Wohin?“ fragte Monika diesmal.

„Zu Prinz Charles nach London.“

„Was machst du dort?“

„Ich lasse meinem Wellensittich die Haare schneiden.“

Meine Frau rief den Arzt an. Weidemanns kamen nach Hause.

„Ich danke Ihnen!“ rief Weidemann. „Ich hoffe, die Kinder haben Ihnen keine Scherereien gemacht.“

„Ich muß fort“, sagte ich, ich war ja schon wieder Sieger gewesen.

„Wohin?“ fragte Weidemann.

„Zu Hauptmann Kephisodot nach Cypern.“

„Was machen Sie dort?“ fragte Weidemann verwundert.

„Ich schaue zu, wie die Krebse fliegen.“ Meine Frau drückte sich ängstlich in eine Ecke. Weidemanns sahen bald auf sie, bald auf mich. Inzwischen hatten die Kinder protestiert. Ich hatte das mit den Krebsen schon einmal gesagt.

„Ich muß fort“, begann deshalb Herbert.

„Wohin?“ fragte Monika.

„In die Konditorei Zauner nach Ischl.“

„Was machst du dort?“

„Ich spritze mir Heroin.“ Weidemann stürzte sich auf mich. „Was haben Sie aus meinen Kindern gemacht?“ tobte er, während seine Frau in Tränen ausbrach. Was wußte ich, woher Herbert das hatte? Wahrscheinlich hatten sie in der Schule davon gesprochen. „Ich muß fort“, sagte ich.

„Ja, gehen Sie!“ wütete Weidemann. „Sie werden von uns hören, und zwar durch die Polizei! Sie Kinderverführer! Sie Rauschgifthändler!“ Er warf mich hinaus.

Die Geschichte ist noch nicht zu Ende. Am nächsten Tag erzählte Herbert in der Schule davon. Natürlich wurde das Spiel sofort ausprobiert, als der Lehrer eintrat.

„Müller!“ sagte er zu einem der Schüler. „Nenne mir einen reinen, einfachen Satz.“

„Ich muß fort“, antwortete Müller.

„Wohin?“ riefen die Kinder.

„Zu meinem Schwager Naschi Waschi nach Tokio.“

„Was machst du dort?“ schrien die Kinder im Chor.

„Ich lasse mir meinen Bleistift spitzen.“ Die Kinder johlten.

„Seid ihr verrückt?“ wetterte der Lehrer. „Was soll das bedeuten?“ Herbert erklärte es ihm und bat für die ganze Klasse um Entschuldigung.

„Okay“, sagte der Lehrer, „ich will es euch noch einmal nachsehen, aber dem Herrn Direktor muß ich davon Mitteilung machen. Verhaltet euch ruhig, ich komme sofort wieder. Ich muß fort.“

„Wohin?“ riefen die Kinder.

Der Lehrer war bereits angesteckt. „Zu Ali Ismail nach Kairo.“

„Was machen Sie dort?“ brüllten die Kinder.

„Ich gehe ins Hofbräuhaus“, lachte der Lehrer. Jubel, Jauchzen. Der Direktor stürzte herein. „Was geht hier vor?“ fragte er mit strengem Gesicht. Der Lehrer, zutiefst bereuend, sagte es ihm. „Gehen Sie sofort in das Konferenzzimmer!“ schnauzte der Direktor ihn noch an. „Wir sprechen uns noch!“ Der Lehrer ging. „Und ihr“, wandte sich der Direktor an die Schüler, „ihr haltet den Mund! Ich schicke euch Herrn Professor Jedlitschka! Der wird euch wieder Zucht und Ordnung beibringen! Ich muß fort.“

„Wohin?“ riefen die Kinder.

Der Direktor, bereits im Gehen begriffen, hielt an. Die Sache reizte ihn. Das Kind im Mann. „Zu meinem Kollegen Lappi Lappo“, sagte er etwas verschämt, „an den Kuskokwim in Alaska.“

„Was machen Sie dort?“ fragten die Kinder, wiehernd vor Vergnügen.

„Ich lege mich in die Sonne“, antwortete der Direktor. Applaus, Stampfen mit den Füßen, Bravorufe. Das war der Moment, in dem der Vorsitzende des Elternrates das Klassenzimmer betrat. Er war es auch, der sowohl den Lehrer als auch den Direktor in die Psychiatrische Klinik einlieferte. Dort waren sie nicht allein. Sie fanden Herrn und Frau Weidemann vor - und mich. „Wir müssen fort!“ riefen wir alle, aber niemand fragte uns „Wohin?“.

Das alles war passiert, weil ich einmal den Babysitter gemacht hatte. „Das kommt von diesen neumodischen Sachen!“ schimpfte der Direktor, als wir wieder draußen waren. Aber Babysitten ist gar nicht neumodisch. Es ist nur ungewöhnlich für einen Mann. Frauen, die am Abend bei den Kindern bleiben, waren früher etwas Alltägliches. Nur nannte man sie damals nicht Babysitter, sondern - Mütter.

Wissen Sie mir keinen Substituten?

Ein Substitut ist, laut Duden, ein Ersatzmann - also ein Mann, der einen anderen vertritt. Meistens besitzt er nicht die Fähigkeiten des Originals, besäße er sie, wäre er kein Substitut. Einen Substituten kann jeder finden, außer ein zum Tode Verurteilter. In unseren Tagen, in welchen die Freizeit eine so wichtige Rolle spielt, ist die Frage nach Substituten natürlich außerordentlich groß, und überall erhebt sich der Ruf: Wissen Sie mir keinen Substituten?

Im Büro. Pinagl will zur Hochzeit seiner Schwester nach München fahren. „Fahren Sie", sagt sein Chef, „aber bringen Sie einen Substituten." Pinagl findet Kerschbaum. Kerschbaum kommt ins Büro. „Ich bin der Substitut", stellt er sich vor. „Jetzt kommen Sie?" fährt ihn der Chef an. „Wissen Sie, wie spät es ist?" Kerschbaum schaut auf die Uhr. „Drei nach acht", sagt er ruhig. „Drei nach acht?" brüllt der Chef. „Es ist elf!" „Na und?" fragt Kerschbaum ruhig. „Elf sind doch drei nach acht." Er kann es sich leisten, frech zu sein. Einen Substituten wirft niemand hinaus - ein Substitut wird immer gesucht.

Z. B. von Ärzten. Jeder Arzt macht gern einmal Urlaub und braucht dazu einen Substituten. Dr. Klotz ist überglücklich, weil er einen gefunden hat. Es ist Dr. Kornfeld. Kornfeld ordiniert, er untersucht einen Patienten. „Sie finden, daß Sie an einer seltenen Krankheit leiden?" fragt er ihn. „Sie irren. Die Friedhöfe sind voll damit." Der Patient entfernt sich, er ist sehr ungehalten. „Der nächste, bitte!" Eine Dame tritt ein. Sie kommt nach einem Unfall. „Sie leiden an einer leichten Verrenkung der linken Schulter", stellt Kornfeld fest, „an Hautabschürfungen am Knie, an einer Schnittwunde am Ellenbogen - wie alt sind Sie?" unterbricht er sich. „Fünfunddreißig", sagt die Dame. Kornfeld setzt fort: „Und an schweren Gedächtnisstörungen." Dr. Klotz hat an einem Nachmittag zwei Patienten verloren. Er macht Kornfeld keine Vorwürfe. Er wird wieder einmal Urlaub machen wollen, er braucht einen Substituten.

Berger ist Autoverkäufer, Borger ebenfalls. Was liegt also näher, als daß Berger - als er auf Skiurlaub fahren will - Borger bittet, ihn zu vertreten. Berger ist seit Wochen bemüht, einem Kunden einen alten Wagen anzudrehen, Borger soll den Verkauf zum Abschluß bringen. Man ist sich einig, der Kunde ist eben dabei zu bezahlen. „Ich möchte Ihnen nur noch eines sagen, bevor Sie in den Wagen steigen", meint Borger freundlich. „Und zwar?" fragt der Kunde. Darauf Borger: „Steigen Sie *nicht* in den Wagen." Der Kauf wird rückgängig gemacht. Berger ist nicht böse. Man darf einen Substituten nicht verstimmen.

Auch ein Schnorrer braucht einmal einen Mann, der ihn vertritt. Schnorrer Orbach geht in ein Sanatorium, um eine Abmagerungskur zu machen. Er will seine Gönner nicht verlieren, also engagiert er Drobitsch, damit dieser, gegen eine Provision von 10%, für ihn schnorren geht.

Der erste auf Orbachs Liste ist Generaldirektor Becher.

„Ich komme von Orbach", jammert Drobitsch. „Er ist krank und bittet Sie, verehrter Herr Generaldirektor, ihn wieder mit einer milden Gabe zu unterstützen." Becher schüttelt den Kopf. „Ich kann nicht mehr", sagt er, „Orbach soll arbeiten." „Arbeiten?" entrüstet sich Drobitsch. „Glauben Sie, daß ein Mensch, der den ganzen Tag schnorren muß, noch Zeit zum Arbeiten hat?" Der Generaldirektor bleibt hart. „Geben *Sie* ihm etwas", sagt er. „Ich?" Drobitsch lacht bitter. „Meine Frau ist krank, meine Kinder sind krank, ich selber werde vom Pech verfolgt. Wenn eines Tages gebratene Tauben vom Himmel fliegen sollten, würde ich dastehen mit einem Fischbesteck in der Hand." Der Generaldirektor läßt sich weichklopfen. Er schickt Orbach tausend Schilling und gibt Drobitsch extra fünfhundert. Am Abend desselben Tages überrascht er ihn in einem Restaurant, Hummer speisend. Der Generaldirektor ist außer sich. „Heute früh haben Sie mir von Ihrer kranken Frau und Ihren Kindern vorgeweint, ich habe Ihnen aus Mitleid fünfhundert Schilling gegeben, und jetzt essen Sie Hummer?" schnaubt er empört. Drobitsch verliert nicht die Fassung. „Ich verstehe Sie nicht, Herr Generaldirektor", sagt er ruhig. „Wenn ich *kein* Geld habe, *kann* ich keinen Hummer essen, *wenn* ich Geld habe, *darf* ich keinen essen - ich frage Sie: Wann *soll* ich Hummer essen?"

Orbach hat einen Gönner weniger. Er verliert kein Wort darüber. Einen Substituten muß man halten.

Auch in der Ehe gibt es Substituten, weil zu einer guten Ehe immer drei gehören: die Frau, der Mann und sein bester Freund. Veronika ist die Frau, Heinz ist der Mann, und Fritz ist der Freund. Von Veronika. Wenn Heinz nicht zu Hause ist, kommt Fritz, um zu substituieren. Das geht seit Jahren so. Fritz und Veronika sind schon so schlecht miteinander wie ein Ehepaar. Fritz wird von Nacht zu Nacht frecher. So sagt er z. B.: „Heute steht von dir in der Zeitung." „Was?" fragt Veronika neugierig. Drauf Fritz: „Daß es zu viele Frauen gibt." Oder Veronika beschwert sich: „Du hast nur den Fußball im Kopf! Ich glaube, du weißt nicht einmal, wann wir uns zum ersten Mal geliebt haben." Drauf Fritz: „Natürlich weiß ich das. Es war an dem Tag, an dem das Ländermatch Österreich-Ungarn war." Veronika schweigt. Wer weiß, wann sie wieder einen Substituten für ihren Mann findet. Es gibt so viele anständige Frauen - die Konkurrenz ist groß. Daher gibt es nur eines: Schweigen.

Wie ist es im Hotelgewerbe? Ferdinand, Hausdiener in einem Kärntner Hotel, muß nach Wien, um seine Papiere zu ordnen. Er nimmt Heigl, einen Pensionisten, als Substituten und schärft ihm ein, besonders auf die Weckrufe der Gäste zu achten. Am nächsten Morgen läutet auf Zimmer 12 das Telefon. Der Gast hebt ab. „Ja?" meldet er sich verschlafen. „Hier ist der Hausdiener. Sind Sie der Herr, der um sieben Uhr geweckt werden wollte?" „Ja." „Ich wollte Ihnen nur sagen, daß es erst vier ist - Sie können noch drei Stunden schlafen." Der Gast beschwert sich bei der Direktion, aber weder der Direktor noch Ferdinand sagen Heigl ein Wort. Mit Substituten darf man es sich nicht verderben.

Am häufigsten findet man Substituten im Kaffeehaus.

„Die Herren wünschen?" fragt ein Oberkellnersubstitut drei Herren, die an einem Tisch sitzen. „Ich möchte einen schwachen Tee mit Milch", sagt der erste. „Ich möchte einen starken Tee mit Rum", meint der zweite. „Ich möchte einen Tee ohne", sagt der dritte, „in einem reinen Glas." Der substituierende Ober notiert die Bestellungen. „Verzeihung", sagt er dann, „damit ich nichts durcheinanderbringe. Welcher von den Herren wünscht den Tee in einem reinen Glas?" Die Herren sind empört. Trotzdem wird man den Ober noch oft in jenem

Kaffeehaus sehen. Man findet eben nicht so leicht einen Substituten.

Auch Musiker wollen nicht täglich arbeiten. Fuhrmann ist zweiter Geiger in einem Theaterorchester. Er verlobt sich und will, verständlicherweise, am Abend frei sein, aber er findet keinen Substituten. Er wendet sich an seinen künftigen Schwager. „Du mußt mich heute abend im Orchester vertreten", sagt er. „Ich?" wundert sich der Schwager. „Ich bin völlig unmusikalisch." „Das macht nichts", tröstet ihn Fuhrmann, „ich spiele zweite Geige, außer mir gibt es noch drei zweite Geigen, es wird keinem Menschen auffallen, daß du nicht spielst, wenn du nur so tust." Albin, so heißt der Schwager, tut so. Plötzlich haben die zweiten Geigen eine Solostelle. Stille. „Spielen Sie", flüstert Albin seinem Nachbarn zu, „ich bin nur ein Substitut!" „Ich auch", sagt der Nachbar. „Ich auch", sagt der dritte, und „Ich auch!" sagt der vierte zweite Geiger.

Ich weiß nicht, wie es weiterging, aber ich nehme an, daß es Momente gibt, in welchen man auch Substituten hinauswirft.

Trotzdem kann ich Ihnen nur raten: Werden Sie Substitut. Der Beruf ist so gefragt, daß man daran denkt, Substitut-Substituten heranzubilden.

Rhabarber

Ein Spitalspatient ist so lange nicht außer Gefahr, solange er Besuche bekommt, die ihm Kekse oder Kompott mitbringen. Wie so vieles, mußte ich auch das erfahren. Ich registrierte es in meinem Gehirn unter dem Titel: Rhabarber.

Ich lag im Spital. Blinddarmreizung. Verständlich. Alles an mir war gereizt. Meine Geduld, meine Nerven, meine Frau - warum sollte mein Blinddarm *nicht* gereizt sein? Unser Hausarzt Dr. Jellinek wollte mich anfangs zu Hause liegen lassen, aber nachdem er sich nach den Symptomen meiner Krankheit sowie nach der Höhe unseres Bankkontos erkundigt hatte, entschied er für die Überstellung in seine Privatklinik. Ich sage Hausarzt. Für das Honorar, das dieser Arzt verlangt, könnte man ein Haus bauen. Aber however - er wollte mich beobachten. Schließlich könnte es zur Entzündung kommen, was eine Operation notwendig machen würde. So lag ich nun da und harrte der Besucher. Als erste kamen unsere Freunde Dr. Robinson und Frau.

„Na also“, sagte Robinson lauter, als es für einen gereizten Blinddarm zuträglich war. „Du siehst ja prima aus! Habe ich recht, Mela?“

„Primissima!“ antwortete Mela. „Spannagl sah lange nicht so gut aus, als wir ihn in der Klinik besuchten.“

„Spannagl?“ fragte ich. „Was fehlt ihm?“

„Was *hat* ihm gefehlt“, korrigierte Robinson. „Er hatte eine Blinddarmentzündung und wurde gestern operiert.“

Krach! Das war meinem Blinddarm gar nicht recht. Er wurde noch gereizter, als er es ohnehin schon war. Er fürchtete sich vor der Operation. Außerdem war er schon so an mich gewöhnt - er wollte sich nicht extrahieren lassen.

„Wie geht es Spannagl?“ erkundigte ich mich.

„Er ist heute gestorben", sagte Mela. Das auch noch. Mein Blinddarm stach, als hätte ich die drei Musketiere mitsamt ihren Degen im Bauch. Robinson zündete sich eine Zigarre an. Ich hustete.

„Vielleicht solltest du besser nicht rauchen", meinte Mela.

„Unsinn."

„Hugo ist Nichtraucher", warf meine Frau schüchtern ein.

„Wenn schon. Ich rauche doch im Kaffeehaus auch immer." Er vergaß, daß ich im Kaffeehaus keine Blinddarmreizung hatte. „Stört es dich?"

„Wenn ich die Wahrheit sagen soll … "

„Na also." Er blies mir den Rauch ins Gesicht.

„Grüß euch Gott, Kinder!" dröhnte es von der Tür her. Mein Dentist Dr. Wronsky und seine Frau Vera traten ein.

„Gratuliere! Du siehst ja prächtig aus!"

„Haben wir ihm auch gesagt", meinte Robinson. „Warum sollte er auch nicht? Eine Blinddarmreizung ist schließlich keine Sache."

„Solange es wirklich eine solche ist", sagte Wronsky. „Ich habe doch selbst Medizin studiert und war, ehe ich mich auf die Zahnheilkunde spezialisierte, Assistent im Allgemeinen Krankenhaus. Damals haben wir einen Patienten tagelang an Blinddarmreizung behandelt, und dann gab es einen Exitus durch Bauchfellentzündung." Schmeiß ihn hinaus, stach mein Blinddarm.

„Wollt ihr ihm Angst machen?" fragte meine Frau ungehalten. „Er ist ganz blaß."

War ich wirklich blaß? Hatte das etwas zu bedeuten? War es vielleicht ein Anzeichen von Bauchfellentzündung?

Robinson sah auf die Uhr. „Wir müssen gehen. Komm, Mela! Hier - wir haben dir Kekse mitgebracht." Er legte eine Schachtel auf mein Bett. „Gute Besserung! Das nächste Mal sehen wir uns im Kaffeehaus." Mela nickte mir zu, dann gingen sie.

„Robinson ist ein bißchen anstrengend", fand Wronsky. „Außerdem begreife ich nicht, wie man in einem Krankenzimmer eine Zigarre rauchen kann." Er zündete sich seine Pfeife an. Ich hustete. „Das ist der Zigarrenrauch", sagte Wronsky. Blödsinn, stach der Blinddarm, das ist der Pfeifenqualm. „Aber um dich zu beruhigen", setzte Wronsky fort. „So eine Blinddarmreizung … "

Meine Frau unterbrach ihn. „Reden wir nicht von seiner Krankheit“, sagte sie, „das regt ihn auf.“

„Du hast recht. Was sagt ihr zu Blaschitz?“

„Blaschitz? Was ist mit ihm?“

„Ihr wißt es nicht? Pleite ist er. Die Polizei fahndet nach ihm.“

„Er ist flüchtig“, setzte Vera hinzu.

Blaschitz flüchtig! durchfuhr es mich. Ich war mit 40% an seinen Geschäften beteiligt. Da soll man sich nicht aufregen, stöhnte mein Blinddarm. Wie konntest du auch so dumm sein? Er hatte recht, aber mein Beruf bietet doch keine Sicherheit, ich wollte mein Geld anlegen.

„Seine Freundin hat ihm sein ganzes Vermögen abgenommen“, sagte Vera. *Sein* Vermögen? *Mein* Vermögen. Wenn nur meine Frau nichts davon erfährt. Ich habe es ihr verschwiegen, weil Blaschitz ihr schon immer suspekt erschienen war.

„Es sollen auch andere Leute dabei Geld verlieren“, sagte Wronsky und sah mich von der Seite an. Sollte er etwas wissen?

„Recht geschieht ihnen“, meinte meine Frau. „Er wollte auch, daß *wir* uns an seinen Geschäften beteiligen. Mein lieber, leichtgläubiger Mann wäre fast schon bereit gewesen. Zum Glück habe ich ihn davor bewahrt. Blaschitz ist also flüchtig. Jetzt verstehe ich. Ich habe gestern seine Frau getroffen. Sie sagte mir, sein Doktor habe ihm angeraten, eine Zeitlang in Südamerika zu verbringen.“

„Sein Doktor“, sagte Wronsky. „Welcher Doktor? Der Arzt oder der Rechtsanwalt?“ Alle lachten. Mir war nicht nach Lachen zumute. Gut - an den 40% werden wir nicht zugrunde gehen, aber ich sehe Schreckliches vor mir. Man wird mich vor Gericht zitieren, ich werde aussagen müssen, meine Frau wird alles erfahren. Wenn ich nur hier herauskönnte, ich müßte beizeiten etwas unternehmen. Mein Blinddarm wurde skeptisch. (Ich bitte den verehrten Setzer auf das Wort „skeptisch“ zu achten und ja nicht das k weglassen, sonst hieße es „Mein Blinddarm wurde septisch“.) Ich glaube nicht, meinte er - mein Blinddarm -, daß wir ohne Operation davonkommen werden. Bei diesen Freunden? Was sollte ich tun? Ich konnte sie doch nicht hinauswerfen. Zum Glück war es bereits fünf, jetzt würde niemand mehr kommen.

Ein schüchternes Klopfen an der Tür. „Darf ich hinein?“ Tante Elsa!

„Wie geht es dir?“ fragte sie mich.

„Danke gut, Tante.“ Sie wendete sich an meine Frau. „Es war nett von dir, daß du mich verständigt hast.“

„Wir werden gehen.“ Wronsky erhob sich. „Hier - wir haben dir Kekse mitgebracht.“ Noch eine Schachtel.

„Komm, Vera!“ Draußen waren sie.

„Hast du Fieber?“ erkundigte sich Tante Elsa.

„Achtunddreißig.“

„Das ist kein Fieber. Als mein seliger Otto noch lebte, hatte er vierzig. Er lag mit derselben Krankheit im Spital wie jetzt du. Nur war es keine Reizung, sondern eine Entzündung, und zwar keine Blinddarm-, sondern eine Lungenentzündung.“ Sonst war es dasselbe, höhnte mein Blinddarm. Was kann ich dafür? Tante Elsa ist in der letzten Zeit ein bißchen seltsam geworden.

„Du mußt Hunger haben“, bemerkte meine Frau. „Du hast heute noch nichts gegessen. Ich werde dir eines von Robinsons Keksen geben.“

Im nächsten Augenblick war mein Bett voller Brösel.

„Laß das“, meinte Tante Elsa. „Ich habe etwas Besseres für dich. Rhabarberkompott - selbst gemacht.“ Ich zuckte zusammen. Es gibt drei Dinge, die mir zuwider sind: Diktatoren, moderne Architektur und Rhabarberkompott. „Danke, Tante“, sagte meine Frau, „darüber bin ich sehr froh.“ Sie konnte leicht froh sein darüber, sie mußte es nicht essen. „Unsere Mutter hat uns auch immer Rhabarberkompott gegeben, wenn wir krank waren. Das ist sehr gesund.“ Sehr gesund, dachte ich. Sobald ihr fort seid, fliegt das gesunde Kompott aus dem Fenster. Die beiden unterhielten sich dann noch über Ärzte im allgemeinen und über Dr. Jellinek im besonderen, wobei meine Frau den Verdacht äußerte, daß er - Dr. Jellinek - mich nur des Geldes wegen operieren wolle.

„Natürlich“, pflichtete Tante Elsa ihr bei. „Mein Otto hatte auch einen solchen Arzt. Einmal sagte Otto zu ihm: ‚Ich sehe ein, Herr Doktor, daß Ihr Studium viel Geld gekostet hat, aber das können Sie doch nicht alles von *mir* zurückhaben wollen?!‘“ Sie lächelte unter Tränen. „Mein Otto hatte ja so viel Humor.“ Mach’, daß die wegkommt, raunte mein Blinddarm mir zu, die ist nichts für uns. Ich tat, als würden mir die Augen zufallen.

„Er ist müde“, sagte meine Frau.

„Ich gehe schon.“

„Ich komme mit dir."

„Und noch etwas: Laß ihn nicht operieren. Ich werde euch morgen Herrn Glaubitzer schicken, meinen Wunderheiler. Wenn der dir die Hand auf den Blinddarm legt", wendete sie sich an mich, „bist du gesund." Lächerlich, sagte der Blinddarm. „Danke, Tante", sagte ich. Ich glaubte auch nicht an den Wunderheiler. Mein Freund Joschi hatte sich einmal beide Beine gebrochen, und es wollte und wollte nicht gut werden. So humpelte er auf zwei Krücken zu einem Wunderheiler. Der strich ihm über die Beine und sagte dann: „Werfen Sie Ihre Krücken weg!" Und was war? Joschi warf die Krücken weg und hat sich auch noch die Arme gebrochen.

Meine Frau und Tante Elsa ließen mich allein. Jetzt schnell weg mit dem Rhabarberkompott. Ich sprang aus dem Bett. He, zwickte der Blinddarm, willst du mich unbedingt loswerden? Ich zog die Jalousie hoch und sah aus dem Fenster. Direkt unter mir standen zwei Schwestern und tratschten, wie Krankenschwestern eben zu tratschen pflegen. Sie sagen nicht: „Der Patient mit der Gallenblasenentzündung hat einen Witz erzählt, und der Patient mit dem Lungenemphysem hat gelacht" - sie sagen: „Die Gallenblase hat einen Witz erzählt, und das Lungenemphysem hat gelacht." So erfuhr ich, daß der Spondylarthrose die Frau durchgegangen war, worauf die Hepatitis sagte: „Ich kannte Ihre Frau - seien Sie froh." Wie immer - ich konnte das Glas mit dem Rhabarberkompott nicht aus dem Fenster werfen. Wohin also damit? Auf den Schrank.

Ich nahm einen Stuhl, stieg hinauf - zu niedrig. Ich holte das Tischchen, das neben meinem Bett stand, stellte den Stuhl drauf, kletterte hinauf - es brach zusammen. Ich lag am Boden, mein linker Fuß schmerzte, ich hatte mir den Knöchel verstaucht. Trottel, sagte der Knöchel, das hättest du doch sehen müssen. Der? höhnte der Blinddarm, bei dem wirst du noch ganz andere Dinge erleben. Ich erhob mich mühsam, untersuchte den Tisch und konstatierte, daß ein Bein abgebrochen war. Meine Zimmerschwester steckte den Kopf zur Tür herein. „Ist etwas los?" erkundigte sie sich. „Nein, Schwester." „Gut." Sie verschwand. Wohin mit dem Kompott? fragte ich mich. Und mit dem Tisch? Ich erinnerte mich, daß das Zimmer neben dem meinen heute freigeworden war. Ich nahm den lädierten Tisch, hinkte hinüber, legte ihn in das Bett, deckte ihn zu, schrieb auf

die schwarze Tafel an der Kopfseite des Bettes „Fraktur des linken Beines“, nahm den gesunden Tisch und brachte ihn in mein Zimmer. Jetzt hatte ich noch immer das Rhabarberkompott. Und Schmerzen. Ich wußte im Moment nicht, was mehr weh tat: der Blinddarm oder der Knöchel. War das nötig? fragte mich der letztere vorwurfsvoll. Mußtest du auf den Tisch steigen?

So ruhig habe ich gelebt, jetzt muß ich mich anstrengen, um dir Schmerzen zu bereiten. Laß ihn, mischte sich der Blinddarm ein, einen solchen Ignoranten kann man nicht anders behandeln. Ich kümmerte mich nicht um die beiden, ich hatte nur eine Sorge: Was mache ich mit dem Kompott? Mir fiel der Papierkorb ein. Das ist die Lösung. Ich humpelte in das Badezimmer - der Papierkorb war voll. Ein Glück. Am nächsten Morgen hätte man mich gefragt, wie das Kompott in den Papierkorb gekommen war, und um diese Zeit wäre vielleicht meine Frau schon anwesend gewesen. Und Tante Elsa. Und Herr Glaubitzer. Nicht auszudenken. Also doch in den Garten damit. Ich drehte das Licht aus, schleppte mich zum Fenster, steckte den Kopf hinaus, der Garten war stockfinster, die Schwestern waren nicht zu hören. Ich hob den Arm mit dem Glas, im selben Moment löste sich die Schnur der Jalousie, die Jalousie sauste herunter, direkt auf mein Genick. Aufpassen, Dummkopf! schrie das Genick. Reg' dich nicht auf, sagte der Knöchel, er kann nichts dafür, er ist ein Naturdepp. Morgen verlasse ich ihn, erklärte der Blinddarm, ich habe mich entschlossen, mich zu entzünden. Ich ließ sie reden und warf das Glas hinunter. Unten begann man zu schreien. Die Schwestern waren also doch noch dagewesen. Ein Schlemihl, sagten Genick, Knöchel und Blinddarm unisono. Ich legte mich ins Bett.

Am nächsten Morgen kamen meine Frau, Tante Elsa sowie Herr Glaubitzer. Glaubitzer legte seine Hand auf die Stelle, an der mein Blinddarm war - der Blinddarm, der eben noch „Scharlatan“ gebrummt hatte, fauchte und zog sich zurück.

„Sie sind in Ordnung“, sagte Herr Glaubitzer. „Und damit Sie nie mehr eine Blinddarmreizung bekommen, gebe ich Ihnen einen Rat: Essen Sie, so oft Sie nur können, Rhabarberkompott. Mindestens aber einmal am Tag.“

„Heute habe ich schon eine Portion gegessen“, sagte ich scheinheilig.

„Das ist zu wenig“, meinte Tante Elsa. „Ich habe dir drei Gläser voll mitgebracht. Da ist ein Löffel - mach’ den Mund auf!“

Ich habe zwar keine Blinddarmreizung mehr bekommen, dafür aber jedes Hungergefühl verloren. Zumindest zu Hause. So oft ich nämlich in meinem bis dahin zu trauten Heim das Wort „Hunger“ sagte, gab mir meine Frau Rhabarberkompott. Und nicht nur das. Auch Rhabarberknödel, Rhabarberstrudel und - ein Rezept meiner Frau - Rindsrouladen mit Rhabarber gefüllt.

Ich hielt es nicht mehr aus, ich schützte Magenschmerzen vor und aß heimlich im Gasthaus. Meine Frau bestand darauf, mit mir einen Arzt aufzusuchen. Dr. Nickel ist einer meiner Klubfreunde. Ich rief ihn an. „Du mußt mir Rhabarberkompott verbieten.“ „Okay“, sagte er. Wir kamen in die Ordination, er untersuchte mich und fand schließlich: „Dir fehlt gar nichts, du hast bloß eine kleine Magenverstimmung - du mußt einige Monate lang täglich Rhabarberkompott essen.“

Er hatte mich falsch verstanden.

Monolog eines Gekränkten

Was Kinder an ihren Eltern am meisten stört, ist, daß diese vergessen haben, daß sie auch einmal Kinder waren. So oder ähnlich dachte mein Neffe Ladi in seinem Monolog eines Gekränkten.

Ort der Handlung: Wien, Straße vor dem Haus, in welchem mein Schwager Goldmann mit Frau Hermine und Sohn Ladi ein Apartment bewohnt.

Ladi, damals 9, kommt aus dem Haus. Er trägt eine Schultasche auf dem Rücken, in der linken Hand einen vollgefüllten Plastiksack, in der rechten seinen Geigenkasten, hat bei 29 Grad Hitze seinen schweren Wintermantel an, den Sommermantel über die Schulter geschlagen, zwei Mützen auf dem Kopf und - was das eigenartigste ist - er ist barfuß. Während er die Straße hinuntergeht, denkt er wütend bei sich: „Noch haben sie keine Ahnung, aber heute abend, wenn sie mein Verschwinden bemerken, werden sie weinen. Weinen? Heulen werden sie und Vorwürfe werden sie sich machen. Geschieht ihnen schon recht, sie sollen nur unglücklich sein. Warum haben sie mich so schlecht behandelt? Warum hat mir Papa heute wieder eine Ohrfeige gegeben? Nur weil ich es gut mit ihm gemeint habe. Weil ich mit dem Schulzeugnis nach Hause gekommen bin und gesagt habe: ‚Bleib sitzen, Papa, ich bin es auch geblieben.' Darf man deshalb ein Kind schlagen? In einer antiautoritären Zeit? Nein. ‚Diese Woche habe ich dich schon zum sechsten Mal bestraft!' hat er gebrüllt. ‚Was hast du dazu zu sagen?' Was hatte ich schon zu sagen? ‚Ich bin froh', habe ich gesagt, ‚daß heute schon Samstag ist.' Klatsch - hatte ich wieder eine. Und meine Mama? ‚Geh', hat sie gesagt, ‚ich will dich nicht mehr sehen!' Nur weil ich mit der Hand in das Marmeladenglas gegriffen habe und weil der Bubi Wimmer gesagt hat, seine Großmutter hat einen Lockenkopf, und ich habe gesagt, meine hat einen

Schnurrbart. Ist das ein Grund, ein Kind zu verstoßen? Das ist *kein* Grund. Aber sie werden es schon sehen! Finden werden sie mich *nicht* mehr, und *wenn* sie mich finden, werde ich mich weigern, weiterhin in die Schule zu gehen.

Wozu auch? Lesen und schreiben *kann* ich nicht, und reden *läßt* man mich nicht. Und der Herr Lehrer? Hatte er ein Recht, mich anzufauchen? Nein. Soll er nicht so dumme Fragen stellen. ‚Warum', hat er gefragt, ‚hat Kain den Abel erschlagen?' Drauf habe ich gesagt: ‚Weil er zu viele Fernsehkrimis gesehen hat.' Die andern haben gelacht, er hat mir einen drohenden Blick zugeworfen und hat gesagt: ‚Ich warne dich! Wenn heute noch das Geringste passiert, wird es sich auf dein Zeugnis auswirken!'

Und es *ist* passiert. In der Geschichtsstunde. In der Geschichtsstunde wollte er wissen, wann man sagen kann, daß ein König gut ist, und ich habe gesagt: ‚Wenn man auch die Dame und das As dazu hat.' Durfte er mich deshalb in Geschichte durchfallen lassen? Er durfte *nicht.* Aber auch er wird es bereuen. Das freut mich am meisten. Auch ihm wird sich das Herz zusammenkrampfen, so oft er den leeren Platz in meiner Bank sieht, und er wird sich sagen: ‚Ich bin mitschuldig, daß sich der arme Ladi etwas angetan hat!' Und Papa und Mama werden sich dasselbe sagen. Und Onkel Robinson und Tante Mela auch, und Onkel Wronsky und Tante Vera auch, und Onkel Hugo und Tante Cissy auch. Die beiden letzteren besonders. Warum erziehen sie immer an mir herum?

Neulich habe ich bei ihnen gegessen, und ich bin ein Schnellesser. ‚Noch so ein Bissen', hat Onkel Hugo gesagt, ‚und du mußt den Tisch verlassen!' ‚Noch so ein Bissen', habe ich geantwortet, ‚und ich bin fertig.' Drauf mußte ich wieder hören, daß ich ein Lausbub bin und daß ich nie etwas erreichen werde. Aber sie sollen sich täuschen. Ich werde es schon schaffen. Ich habe schon meine Zukunftspläne."

„He", sagte im selben Augenblick eine Stimme. Ein Polizist stand vor ihm.

„Ich beobachte dich schon eine ganze Weile", meinte er. „Wo willst du denn hin?"

„Ich gehe durch", antwortete Ladi. „Meine Mutter hat gesagt, daß sie mich nicht mehr sehen will."

„Aha", lächelte der Polizist. „Dann erkläre mir aber eines: Du hast zwei Mäntel, zwei Kappen, einen Plastiksack, einen Geigenkasten - warum hast du keine Schuhe an?“

„Weil man“, erwiderte Ladi, „als Bettler eher etwas bekommt, wenn man bloßfüßig ist.“

Kinder und Narren sagen die Wahrheit. Deshalb sperrt man die Narren ein, und den Kindern verbietet man zu reden.

Ich bin vergeßlich

Glücklich ist, wer vergißt, die Rate für die Einkommensteuer zu bezahlen. Unglücklich, wer durch das Finanzamt daran erinnert wird. Ich muß seit neuestem an alles erinnert werden. Ich weiß nicht, wie das so plötzlich gekommen ist, aber ich bin vergeßlich.

Man wird nicht jünger, die Gehirnzellen lassen nach, man wird vergeßlich.

Man fühlt sich unglücklich, weil das kein Zustand ist. Man vergißt Dinge, an die man sich erinnern möchte, und erinnert sich an andere, die man vergessen möchte. Man sucht einen Gegenstand, öffnet die Lade, in die man ihn selbst hineingelegt hat, man findet ihn, hält ihn in der Hand - was wollte man damit? Man hat es vergessen. Oder was mir neulich passierte: Ich schrieb einen Brief, steckte ihn in den Umschlag, adressierte ihn, klebte ihn zu und - da war doch noch etwas, was ich wollte? Was war es? Eben hatte ich es noch gewußt. Es lag mir auf der Zunge. Es lag mir wirklich auf der Zunge - es war die Briefmarke.

Oder: Ich kam abends nach Hause, ich wußte, ich wollte etwas und wußte nicht was. Ich setzte mich hin und dachte nach. Ich dachte und dachte - um vier Uhr früh fiel es mir ein: Ich wollte mich zeitig schlafen legen.

Ich ging zu Dr. Merzenberger, erzählte ihm von meiner zeitweisen Geistesabwesenheit und schrieb diese meinem Alter zu.

„Unsinn!" meinte Merzenberger. „Schauen Sie mich an, ich bin ebenso alt wie Sie und - was wollte ich sagen?" Ich wußte es nicht. „Es wird mir schon wieder einfallen", setzte er fort und fragte: „Was haben Sie für Beschwerden?"

„Ich sagte es eben. Meine Vergeßlichkeit."

„Stimmt. Ich werde Ihnen ein Mittel verschreiben - ein Wundermittel. Ich nehme es selbst. Ich war so vergeßlich, daß es mir direkt peinlich war. Vor den Patienten, Sie verstehen.

Seitdem ich das Mittel nehme, merke ich mir wieder alles. Wie heißt es bloß? Ich habe das Fläschchen zu Hause vergessen, aber in der Medizinischen Wochenschrift muß es stehen." Er suchte nach der Medizinischen Wochenschrift. „Wo ist sie? Ich habe sie selbst hierhergelegt. Dort ist sie!" Er holte sie aus dem Nebenzimmer. Leider war es nicht die Medizinische Wochenschrift, sondern eine Postwurfsendung. Die Medizinische Wochenschrift hatte er zerrissen und in den Papierkorb geworfen. Er fischte sie heraus und legte die Stücke zusammen. „Da ist es. Davon nehmen Sie täglich zehnmal zwei Tropfen." Er gab mir ein Rezept.

„Sie sagten, zehnmal zwei Tropfen. Herr Doktor. Geschrieben haben Sie zweimal zehn Tropfen."

„Ich habe auch gesagt, zweimal zehn Tropfen."

„Zehnmal zwei Tropfen, ich weiß es bestimmt."

„Da ist es!" Er zog ein Fläschchen aus der Tasche seines weißen Mantels. „Ich habe gewußt, daß ich es eingesteckt habe."

Er warf einen Blick auf das Etikett. „Dreimal zwölf Tropfen", sagte er.

Ich kaufte das Wundermittel, nahm täglich dreimal zwölf Tropfen - es nützte nichts. Ich vergaß zu essen, ich vergaß zu trinken, und ich wußte: Eines Tages werde ich vergessen zu atmen und werde ersticken. Also ging ich wieder zu Dr. Merzenberger.

„Nanu?" staunte er. „Sie kommen einmal zu mir? Wo fehlt es denn?" Ich erinnerte ihn schüchtern, daß ich erst vor einigen Tagen bei ihm gewesen war. „Stimmt!" sagte er. „Ihrer Gattin wegen."

„Nein. Meinetwegen, Herr Doktor."

„Richtig. Sie hatten eine Völle im Magen."

„Nein, eine Leere im Kopf. Ich konnte mich nicht konzentrieren, und das kann ich noch immer nicht."

„Ich auch nicht!" jammerte Merzenberger verzweifelt. Ich verordnete ihm von seinem Wundermittel täglich vierzehnmal sechsundzwanzig Tropfen und ging zu Dr. Rübsam.

Rübsam war Psychiater. „Legen Sie sich auf die Couch", sagte er.

Ich legte mich auf die Couch und berichtete ihm von meiner Vergeßlichkeit.

„Das ist keine Sache", meinte er, „da habe ich schon andere Fälle geheilt. Ich hatte einen Patienten, der nicht zu antworten pflegte, wenn das Telefon läutete. Drei Jahre war er bei mir in Behandlung.“

„Und jetzt?“

„Jetzt antwortet er, ob es läutet oder nicht. Hatten Sie in Ihrer Kindheit ein aufregendes Erlebnis?“

„Ja. Im Kindergarten hat mir ein Mäderl den Sandkübel auf den Kopf geworfen.“

„Aha! Ich werde Ihnen Tabletten verschreiben, davon nehmen Sie täglich drei Stück.“

„Und wenn ich vergesse?“ fragte ich unglücklich.

„Sie können nicht vergessen, ich werde Ihnen gleich sagen wieso nicht. Wo werden Sie die Tabletten hinstellen?“

„Auf den Schreibtisch in meinem Arbeitszimmer.“

„Hat Ihr Arbeitszimmer eine Tür?“

„Alle meine Zimmer haben Türen.“

„Gut. Wie weit ist es von der Tür bis zu Ihrem Schreibtisch?“

„Ungefähr zwei Meter.“

„Ausgezeichnet. Haben Sie Träume?“

„Ja. Ich träume oft von einem großen schwarzen Hund, der plötzlich vor mir steht und mich anfällt.“

„Wunderbar! Daß er Sie anfällt, ist ein besonderes Glück. Passen Sie auf: Sobald Sie die Tür Ihres Arbeitszimmers öffnen, denken Sie an den schwarzen Hund. Er steht vor Ihnen, er fletscht die Zähne, der Geifer rinnt aus seinem Maul. Er stürzt sich auf Sie, Sie springen Richtung Schreibtisch und sind bei den Tabletten.“

Der Rat war gut. Ich ging in die nächste Apotheke, kaufte die Tabletten, kam nach Hause, öffnete die Tür des Arbeitszimmers, dachte an den Hund, sah ihn, erschrak und rannte zur Tür hinaus. Blödsinn, dachte ich, den Hund gibt es doch nicht, das ist doch nur ein eingebildeter Hund. Ich versuchte es ein zweites Mal. Ich öffnete die Tür - da war er wieder. Ich wußte, daß es ein eingebildeter Hund war - trotzdem war mir nicht wohl zumute. Ich wollte die Tabletten auf den Schreibtisch stellen - da knurrte er. Seit wann knurren eingebildete Hunde? Ich kam nicht dazu, mir diese Frage zu beantworten. Der Hund sprang mich an, er fletschte die Zähne, der Geifer rann aus seinem Maul, ich rannte durch das Vorzimmer, der Hund mir nach, ich erreichte die Tür - draußen war ich. Der Hund war echt. Wie war das Biest in meine Wohnung gekommen? Ich erfuhr es viel später. Vor Jahren hatte unsere Haushälterin einen Installateur gebeten, den Wasserhahn in unserem Badezimmer zu reparieren. Heute war er gekommen und hatte den schwarzen Hund mitgebracht. Aber wie gesagt, das erfuhr ich erst später. Ich wagte mich nicht nach Hause, ich wohnte im Hotel, meine Frau, die auf Tournee war, konnte jeden Tag zurückkommen - ich ging zu Dr. Brodmann. Er war zwar ein Kinderarzt, aber ein Freund von mir. Leider war er nur an sehr junge Patienten gewöhnt, und dementsprechend war sein Umgangston. Ich erzählte ihm meine Geschichte.

„Aber Kindchen", sagte er, „wer wird sich denn vor einem Hündchen fürchten? Du wirst jetzt schön brav nach Hause gehen, wirst deine Tabletten nehmen, und damit du es nicht vergißt, wirst du dir ein blaues Bändchen um dein kleines Fingerchen binden. So oft du dieses Bändchen siehst, werden dir die Tablettchen einfallen, die dir der Onkel Doktor verschrieben hat, und du wirst sie schlucken." Er gab mir noch ein Stück Kuchen, ging zur Tür und sagte: „Das nächste Bubi!"

Ich band mir das blaue Bändchen um das kleine Fingerchen - und es wirkte. So oft ich das Bändchen sah, fielen mir die Tablettchen ein. Leider sah ich das Bändchen den ganzen Tag, und so wußte ich niemals: Hatte ich sie schon genommen oder nicht? So nahm ich sie einfach unkontrolliert. In vierundzwanzig Stunden waren sie weg. Jetzt erinnerte ich mich an alles, was sich vor zwanzig und dreißig Jahren zugetragen hatte - aber was ich im Moment tun wollte, vergaß ich noch immer.

Das Schlimmste: Ich war in der Oper. Neben mir saß eine bezaubernde Frau. Sie ließ das Programm fallen, wir bückten uns beide danach, unsere Hände berührten sich. Ich vergaß mein Alter und spielte den Charmeur. Ich führte Cynthia, so hieß sie, nach der Oper ins „Bristol", dann in die „Eden" - und schließlich zu mir nach Hause. Ich war überglücklich. Sie war eine jener Frauen, die für ältere Männer schwärmen. Ich servierte ihr einen Drink, ging in das Schlafzimmer, sprühte l'heur bleu in die Luft, führte sie herein, sie schlang ihre Arme um meinen Hals - was wollte ich von ihr? Ich hatte es vergesen.

Das ist jetzt vorüber. Ich fand endlich einen Arzt, der mir half, und jetzt merke ich mir wieder alles. Leider. Man erlebt heute so vieles, was man lieber vergessen möchte.

Eine angenehme Begegnung

Zu den Annehmlichkeiten eines Sommerkurorts gehört es, daß man Menschen trifft, denen man den ganzen Winter über ausweicht. Aber es ist nicht immer so. Hie und da gibt es auch eine angenehme Begegnung.

Bad Ischl vor dem Ersten Weltkrieg. Sommerresidenz des Kaisers, Treffpunkt des Adels, Rendezvous der Operettenkönige: Komponisten, Librettisten, Sänger.

Bad Ischl in der Zwischenkriegszeit. Der Kaiser ist tot, die Monarchie ist zerfallen, Komponisten, Librettisten, Sänger sind geblieben.

Bad Ischl heute? Die Operette hat aufgehört, ihre große Rolle im Theatergeschehen zu spielen, Komponisten, Librettisten, Sänger haben sich im Tessin angesiedelt, der Massentourismus hat eingesetzt und nur die Gedenktafeln an den Häusern sowie die Texte der Fremdenführer erinnern noch an die einstige Bedeutung des Ortes: „Hier sehen Sie die Johann-Strauß-Villa … hier lebte Franz Lehar … hier schrieb Emmerich Kálmán ‚Die Csárdásfürstin' … hier wohnte Richard Tauber, hier Oscar Straus, hier Leo Fall" undundundund …

Auf einer Bank an der Traun sitzt ein älterer, sehr gut aussehender Mann. Groß, schlank, graumelierte Schläfen, grauer Oberlippenbart. Er kann sich an die gute Zeit von Bad Ischl erinnern. Eine Dame geht vorüber. Er blickt auf. Das ist doch –?

„Manja!" ruft er. Manja Varga dreht sich um. „Erkennst du mich nicht mehr? Hans Volker. Wien, Berlin, München – ich weiß gar nicht mehr, wo und wie oft wir miteinander gesungen haben."

„Hans!" Die beiden sehen einander an. Alt ist er geworden, denkt sie. Und er: Sie ist auch nicht mehr die Jüngste.

„Wie geht es dir?" fragt sie. „Singst du noch?"

„Singen nicht", antwortet er. „Ich spiele. Eine sehr gute Rolle. Peter Kattowitzer, den Vertreter einer Sektfirma."

„Wo spielst du denn?"

„Überall."

„In was für einem Stück?"

„In keinem Stück. Im Leben. Volker war mein Künstlername. In Wirklichkeit heiße ich Peter Kattowitzer und bin Vertreter einer Sektfirma. Aber ich *spiele* diesen Vertreter bloß. Würde ich ihn nicht *spielen,* wäre ich der schlechteste Vertreter der Welt. So singe ich schon auf dem Weg zu meinen Kunden irgendein Auftrittslied, trete ein, strahlend, siegessicher, habe eine Prosa, wie sie der beste Operettentexter nicht hätte schreiben können, setze meine Pointen, bringe zum Beispiel das Gespräch auf die Frauen und sage dann: ‚Es ist leichter, in die Arme einer Frau zu gelangen, als sich daraus zu befreien.'" Er lacht.

„Das hattest du dir schon in der ‚Zirkusprinzessin' eingelegt, und es hat nicht gewirkt."

„In München schon."

„Aber *nur* in München."

„Mir ist es wichtig, daß der Kunde drüber lacht. Und der lacht. Alle lachen. Ich verdiene mehr, als ich als Sänger verdient habe, ich wohne in den besten Hotels, fahre einen schnittigen Mercedes, meine Anzüge sind vom feinsten Schneider - aber reden wir nicht immer von mir. Was machst *du?* Singst du noch?"

„Noch?" entrüstet sie sich. „Ich war bedeutend jünger als du, als wir zusammen auftraten."

„Ja, ja", sagte er schnell und denkt: Trotzdem mußt du über fünfzig sein. „Und *was* singst du?" fragt er weiter.

„Was ich immer gesungen habe", entgegnet sie gereizt. „Die Angèle, die Sylva, die Mariza, die Hanna Glawari in der ‚Lustigen Witwe' … "

„Mein Gott, die ‚Lustige Witwe'", erinnert er sich. „Weißt du noch, wie die Leute bei unserer Szene im zweiten Akt über mich gelacht haben?"

„Über *dich* haben sie gelacht?" fragt sie amüsiert. „Über *mich* haben Sie gelacht."

„Wieso über dich? Du hattest doch gar nichts zu reden?"

„Ich habe auch nichts geredet. Aber geblickt habe ich. Und *so* habe ich gemacht." Sie tippt sich mit dem Zeigefinger auf die Stirn. „Hinter deinem Rücken. Du hast es nur nie bemerkt." Sie kichert.

„Das war aber nicht sehr kollegial von dir", sagt er ärgerlich.

„Kollegial? Du redest von Kollegialität? War es etwa kollegial von dir, daß du in der ‚Fledermaus', zweiter Akt, wenn ich als Ungarin kam, meine Pointen verhustet hast?"

„Ich hatte Husten."

„Husten kann man einmal haben, aber nicht fünfzigmal."

„Und du? Hast du nicht im dritten Akt *meine* Pointen verhustet?"

„Im dritten Akt hatte *ich* Husten."

„Du warst boshaft, gib es zu. Denk an die ‚Mariza'. Ich hatte mir die Szene, in der ich von dir Abschied nehme, ganz anders zurechtgelegt als alle anderen Tenöre. Still und entsagend. Und das Publikum saß da und rührte sich nicht. Aber du? Du hast dir knarrende Schuhe angezogen und bist immer auf- und abgegangen."

„Weil mir die Art, wie du spieltest, peinlich war. Sei mir nicht bös, Hans, aber du warst nie ein guter Schauspieler. Du hast gut ausgesehen, warst ein hübscher Junge, hattest eine gute Figur, eine nette Stimme - aber Schauspieler? Nein."

Hans Volker wurde still. Er setzte sich auf die Bank. „Vielleicht hast du recht", sagt er nach einer kurzen Pause. „Ich bin auch kein guter Sektvertreter. Was ich dir erzählt habe, stimmt nicht. Ich spiele zwar den Vertreter, aber ich spiele ihn schlecht. Ich wirke nicht überzeugend. Es gibt Wochen, in denen ich nicht eine Flasche Sekt verkaufe. Ich wohne nicht in den ersten Hotels, ich fahre keinen schnittigen Mercedes, meine Anzüge trage ich von der Stange - es geht mir gar nicht gut ... "

„Wie kannst du dir dann Bad Ischl leisten?"

„Krankenkasse."

„Hans!" Sie setzt sich zu ihm und nimmt ihn bei der Hand. Sie fühlt plötzlich Mitleid mit ihm. „Wäre dir gedient, wenn ich dir ein paar Flaschen Sekt abnehme? Nicht viel - sagen wir fünfzig."

„Nein, Manja", sagt er. Seine Stimme klingt traurig. „Wir waren gute Kollegen ... das wollen wir bleiben ... aber bitte - keine Almosen."

„Das soll es doch auch nicht sein", sagt Manja. „Ich bin

vermögend. Ich habe einen reichen Mann geheiratet und kann mich auch über meine Gagen nicht beklagen. Bitte Hans - schicke mir fünfzig Flaschen Sekt. Ich habe nächste Woche eine Party - ich brauche Sekt."

Volker lächelt müde. Er zieht einen Bestellschein aus der Brieftasche. „Hier", sagt er leise, „wenn du unterschreiben willst … aber es ist mir furchtbar peinlich … "

„Mach dir keine Sorgen." Sie unterschreibt. „Da." Sie gibt ihm den Schein zurück.

„Danke", sagt er still - und dann, mit veränderter Stimme, strahlend und siegessicher wie früher: „Weil du gesagt hast, ich bin kein guter Schauspieler!"

Wenn alle Schauspieler so gut wären, wie sie glauben, müßte es ein Vergnügen sein, im Publikum zu sitzen.

Weiß Jacky, wer ich bin?

Wenn man einen Menschen mit einer Katze kreuzen könnte, würde das den Menschen auf- und die Katze abwerten. Das behauptet Mark Twain, und ich denke genauso. Katzen sind kleine Persönlichkeiten, sie haben Charakter, sie sind bezaubernd, sie sind klug und sind undurchsichtig. Katzen wissen vieles, aber ich frage mich oft: Weiß Jacky, wer ich bin?

Unsere Katze ist ein Kater. Vor fünf Jahren kam er in unser Haus, und seither besitzt er uns. Wir dienen ihm treu und ehrlich, und ich glaube nicht, daß er einen Grund zur Klage hat. Er heißt Jacky, gehört zur Klasse der österreichischen Kurzhaarkatzen, ist graugetigert und ist, materiell gesehen, kein wertvolles Tier. Und doch - wir würden ihn für nichts in der Welt hergeben. Er fängt weder Mäuse noch Ratten, weil wir keine haben, aber er hat andere Qualitäten. Er ist vor allem ehrlich, er würde nie etwas Eßbares stehlen. Schurli, sein Vorgänger, war da anders. Er zerrte einmal, in einem unbewachten Augenblick, eine ganze gebratene Gans vom Tisch und versteckte sich damit unter der Couch. Meine Frau kam ins Zimmer. „Wo ist die Gans?“ rief sie entsetzt. „Schurli hat die ganze Gans gefressen!“ Worauf mein Neffe Ladi, damals 6, der bei uns essen sollte, gelassen fragte: „Ohne Brot?“

Jacky also stiehlt nie etwas. Höchstens kleine Bälle, mit denen er spielt, aber die geben wir ihm freiwillig. Vergessen wir einmal darauf, holt er sie aus der Schachtel, in der wir sie aufbewahren. Jacky spielt Golf. Wir haben einen Balkon, der in der einen Ecke ein Loch hat, damit das Regenwasser abfließen kann. Als wir eines Tages während eines fürchterlichen Gewitters nach Hause kamen, war die Wohnung überschwemmt, und um auf den Balkon zu gelangen, brauchte man eine Schwimmweste. Was war geschehen? Jacky hatte sechs Bälle in das Loch befördert und damit das Abflußrohr verstopft. Es war weiter nicht tragisch. Wir mußten bloß die Feuerwehr rufen, um das Rohr freizumachen, und die Polizei, um die Menschenmassen zu zerstreuen, die sich vor dem Haus angesammelt hatten. Jacky saß während der ganzen Arbeiten auf einem Schrank und sah zu. Er saß auch auf dem Schrank, als der Tischler neue Möbel brachte und der Tapezierer einen neuen Teppich spannte. Er konnte ja nichts dafür. Er wußte nicht, was er angestellt hatte.

Jacky ist brav und folgsam. Wenn man ihn ruft: „Jacky!", dann überlegt er. Sagt man dann streng: „Na, Jacky? Kommst du oder kommst du nicht?", dann kommt er oder er kommt nicht. Als wir ihn aufnahmen, wurde ihm ein Platz in der Küche zugewiesen. „In die Zimmer kommt er mir nicht", erklärte meine Frau bestimmt. Sie erinnerte sich mit Schrecken an die Polstermöbel, die Schurli zerkratzt und zerfetzt hatte. Jacky blieb also in der Küche. Zwei Tage lang. Dann passierte es, daß jemand die Küchentür offenließ - meine Frau und ich beschuldigen uns noch heute gegenseitig dieses Verbrechens - und so gelangte er in das Vorzimmer. Trotz stundenlanger Drohungen, verbunden mit gütigem Zureden, brachten wir ihn nicht in die Küche zurück. „Na schön", meinte meine Frau schließlich, „soll er im Vorzimmer bleiben, er braucht ja einen gewissen Lebensraum." Also blieb er im Vorzimmer. Dann passierte es, daß jemand die Tür zum Wohnzimmer offenließ - und heute gehört ihm die ganze Wohnung. Arbeiten darf ich nur, wenn Jacky nicht in meinem Arbeitszimmer ist, weil er das Klappern der Schreibmaschine nicht verträgt.

Sein Lieblingsplatz ist einer unserer Bücherschränke. Da thront er hoch oben, überblickt die ganze Wohnung, und es gibt nichts, was ihm entgehen könnte. Oft blickt er vor sich hin, geheimnisvoll, rätselhaft. „Ich möchte bloß wissen, worüber er nachdenkt", sagte ich einmal zu meiner Frau.

„Über seine drei Vornamen."

„Über was?"

„Über seine drei Vornamen. Hast du das nie gehört? Jede Katze hat drei Vornamen, die sie vergessen hat, und wenn sie so vor sich hinschaut, denkt sie nach, welche es waren."

„Wer hat dir das erzählt?"

„Meine Großmutter, als ich noch ein Kind war. Es ist ein ägyptisches Märchen."

WIENER
WIENER
WIENER
WIENER
WIENER
WIENER
WIENER
WIENER
WI.

Nun hatte ich allen Respekt vor der Großmutter meiner Frau - die alte Dame ist heute längst tot - aber das nahm ich ihr nicht ab. Ich nehme eher an, daß Jacky denkt: Wer sind die beiden da unten? Wie kommen sie in meine Wohnung? Was habe ich mit ihnen zu schaffen? Wer ist dieses Ekel, das immer auf der Schreibmaschine klappert? Und ich frage mich allen Ernstes: Weiß Jacky überhaupt, wer wir sind?

Eines Tages, er saß wieder oben auf seinem Bücherschrank, sah ich zu ihm hinauf und fragte: „Weißt du, wer ich bin, Jacky?“ Er blickte mich verständnislos an. Er wußte es *nicht.* „Weißt du, wer ich bin?“ fragte ich ihn beim Fressen. Er brummte, weil ich ihn gestört hatte. „Weißt du, wer ich bin?“ fragte ich ihn, während er sich putzte. Er wimmerte, als wollte er sagen: Laß mich in Frieden! Er *wollte* es nicht wissen. Heute drückte er sich an meine Beine. Ich hob ihn auf, setzte ihn auf meinen Schoß, nahm seinen Kopf in meine Hände, so daß er gezwungen war, mir in die Augen zu sehen und sagte: „Hör mich jetzt einmal an, Jacky! Du *mußt* doch wissen, wer ich bin, schließlich leben wir in einer Wohngemeinschaft. Also paß auf: Ich heiße Wiener, Hugo Wiener, und ich bin Künstler.“ Jacky konnte ich das ruhig einreden. „Ich bin Autor“, setzte ich fort, „und habe schon vieles geschrieben. Theaterstücke, Lieder, Bücher ... “ Da sah er mich erschreckt an, machte sich mit einer wilden Bewegung los, lief in die Küche und versteckte sich hinter der Wäschekiste. Das ist der einzige Platz, wo wir ihn nicht hervorkriegen können. Er wollte nichts mit mir zu tun haben.

Jetzt ist es mir klar: Er weiß, wer ich bin.

Als Jacky wieder hervorkam, sah man es ihm an, daß er einen Schock erlitten hatte. Aber das gab sich nach und nach. Es ist nur ein Glück, daß keine fremden Katzen zu uns kommen. Ich habe das Gefühl, er würde sich schämen.

Der Höhlen-Hausmann

Glauben Sie mir, liebe Leserinnen und Leser, in der Liebe hat sich seit der Steinzeit nicht viel geändert. Damals hat der Mann um die Frau mit der Keule geworben – heute wirbt er um sie mit Brillanten. Aber ich gehe weiter zurück. Ich führe Sie in die Eiszeit, und ich werde Ihnen beweisen, daß es auch damals schon so manches gab, was wir unserer heutigen Zivilisation zuschreiben. Der Titel meines wissenschaftlichen Essays lautet: Der Höhlen-Hausmann.

Die letzte Phase der Eiszeit, die sogenannte Würmeiszeit, war angebrochen. Die Menschen hatten bereits eine lange Entwicklung hinter sich, sie hatten glücklich einige Eiszeiten überlebt. Auch die technische Entwicklung war enorm. Man kannte den Gebrauch des Feuers, man bearbeitete Steine zu handlichen Faustkeilen – ja, man entwickelte langsam die Wunderwaffe Pfeil und Bogen. Hand in Hand mit dieser technischen Entwicklung ging eine kulturell-gesellschaftliche. Jeder Mensch hat Vorfahren und einige derselben reichen bis in die Eiszeit zurück.

„Ich habe es satt", sagte Diluvia Robinson eben, „meinem Mann untertänig zu sein. Herd und Höhle sind mir zu eng. Der Höhlenhaushalt füllt mich nicht aus."

„Du hast recht", pflichtete Alluvia Wronsky ihr bei. „Mein Mann will mir einreden, daß das Kinderkriegen die hehrste Aufgabe der Frau sei."

„Mir ist es eine lästige Belastung", meinte Paläolithika Goldmann. „Wir müßten uns zusammentun und mehr Rechte verlangen."

„So ist es", sagten die anderen. „Das müssen wir!"

Sie verständigten sämtliche Frauen der Horde und trafen sich am Abend im Gesellschaftsraum des Höhlenhotels „Zum Mammut".

„Wir verlangen Gleichberechtigung", sagte Diluvia Robinson. „Warum sollen wir zu Höhle sitzen" - heute sagt man zu Hause sitzen - „während die Männer ihre Jagd- und Fischzüge machen? Wie ich gehört habe, soll es dabei ganz flott zugehen."

„Das habe ich auch gehört", meinte Tertiära Spannagl. „Ich habe erst neulich auf dem Fell meines Mannes drei blonde Haare gefunden! Er wollte mir einreden, daß sie von einem Löwen wären, aber sie waren von einer Frau! Und welche Frauen haben blondes Haar? Nur die Weiber unserer Nachbarhorde!"

„Pfui!" riefen die anderen.

Paläolithika, die den Vorsitz führte, klopfte mit einem Knochen gegen einen Eisbecher. „Ruhe!" ordnete sie an. „Ich erteile das Wort unserer Alluvia Wronsky!"

Alluvia Wronsky stand auf. „Mir fällt es schon seit langem auf", begann sie, „daß mein Mann, wenn er von der Jagd zurückkehrt, kalt ist wie ein Fisch. Und was sagt er, wenn ich ihn zur Rede stelle? In der Eiszeit kann man nicht heiß sein!" Großes Gemurmel: Genau wie meiner! Genau wie meiner! „Ich sage euch", rief Alluvia, „schuld daran sind nur diese Weiber!"

„Pfui!" riefen die anderen wieder.

„Nur wenn längere Zeit keine Jagd stattfindet", setzte Alluvia fort, „greift er auf mich zurück!" Wieder Gemurmel: Genau wie meiner! Genau wie meiner! „Aber wir wollen keine Lustobjekte sein!" hetzte Alluvia weiter. „Wir verlangen unsere eigene, selbständige Entfaltung!"

„Bravo!" riefen die anderen wieder.

„Wenn es nicht anders geht, werden wir unsere Männer verlassen und uns in eigene Höhlen zurückziehen!"

„Bravo!"

„Wir werden Kommunen bilden!"

„Bravo!"

Ein junges Mädchen meldete sich. „Was soll mit uns geschehen? Wir sind Singles."

„Ihr kommt mit!"

„Bravo!"

„Zuvor werden wir aber den Männern unsere Vorschläge unterbreiten. Sie sollen nicht länger frei sein!"

„Bravo!"

„Wir werden sie in den Höhlenhaushalt einspannen!"

„Bravo!"
„Sie sollen sehen, was es bedeutet, wenn man sein Leben nur mit kochen, waschen und flicken verbringt!"
„Bravo!"
Nachdem man alles durchdiskutiert hatte, wurde eine Resolution gefaßt und den Männern unterbreitet. Am nächsten Abend trafen sich diese in der Extrahöhle des Restaurants „Saurier".
„Das ist eine ernste Sache", sagte Dr. Robinson, der als besonders klug galt. „Wir haben kein Gesetz, welches den Frauen verbieten könnte, uns zu verlassen."
„Wir haben überhaupt keine Gesetze", gab Wronsky zu bedenken.
„Eben", meinte Dr. Robinson in voller Klugheit.
„Wir haben unsere Fäuste", warf Goldmann ein.
„Unsinn!" empörte sich Robinson. „Wir werden unsere Frauen nicht erschlagen!"
Goldmann schwieg. Warum nicht? dachte er, aber er sagte es nicht.
Merzenberger, der Medizinmann, meldete sich zu Wort. „Ich gebe zu bedenken", sagte er, „daß man nach eingehenden Forschungen dahingekommen ist, daß die Frauen zwar schwächer, aber auf die Dauer ausdauernder und belastbarer sind, ja sogar ein zäheres Leben haben als wir. Ich schlage vor, daß wir uns mit ihnen verständigen."
Da auch Robinson dieser Ansicht war, wurden die Verhandlungen aufgenommen. Nun kannte der Übermut der Frauen keine Grenzen mehr. Sie verlangten Höhlenhaushaltszulagen und Schwangerschaftsurlaube. Während dieser Zeit hatte der Mann, als Höhlen-Hausmann, die Wirtschaft zu führen. Dabei blieb es dann, auch ohne Schwangerschaft. Zu den Aufgaben des Höhlenhausmannes gehörte es nicht nur, die Höhle instand zu halten, er mußte sie auch ausmalen, wenn der Rauch sie geschwärzt hatte. Um seine Aggressionen abzubauen, malte er magische Jagdszenen an die Wände. So entstand die noch heute bestaunte Höhlenmalerei. Die Frauen aber wurden eitel und modesüchtig.
„Mach' mir eine Kette aus Tierzähnen", sagte Diluvia Robinson zu ihrem Mann. Er machte ihr eine Kette aus Tierzähnen.
„Diluvia hat eine Kette aus Tierzähnen", sagte Alluvia

Wronsky, „bring' mir eine aus Muscheln!" Wronsky brachte ihr eine Kette aus Muscheln.

„Diluvia hat eine Kette aus Tierzähnen, Alluvia eine aus Muscheln", sagte Paläolithika, „ich möchte eine aus Korallen." Goldmann tauschte seine Waffe, die er aus den Kinnbacken eines Moschusochsen verfertigt hatte, gegen eine Kette aus Korallen.

„Alle meine Freundinnen tragen schon Ketten", sagte Diluvia, „ich möchte einen Armreif." Robinson brachte ihr einen Armreif.

„Diluvia hat einen Armreif", sagte Alluvia, „ich möchte einen Fingerring." Wronsky schenkte ihr einen Fingerring.

„Diluvia hat einen Armreif, Alluvia einen Fingerring", sagte Paläolithika, „ich möchte einen Fußreif - aber aus Jet!" Sie bekam einen Fußreif aus Jet. Jet und Bernstein wurden übrigens bald zu Modehits.

Die Frauen stellten immer neue Forderungen, sie versammelten sich unter knorrigen Eichen und gründeten Kommunikationszentren, während die Männer zu Hause die Höhle schrubbten und die Kinder versorgten. Aber ebendiese Männer rächten sich bitterlich. Einmal mit der Kindererziehung befaßt, erzogen sie die Kinder zu den Waffen, aus friedlichen Jungen machten sie Krieger - einmal mit Topf und Feuer vertraut, begannen sie aus Gesteinen Metall herauszuschmelzen, die Bronze wurde gebraut, das Eisen gegossen, Schwerter wurden geschmiedet.

Die Männer zogen wieder auf die Jagd, sie gründeten Klubs, zu denen Damen keinen Zutritt hatten, sie hielten Tagungen ab und hatten wieder blonde Löwenhaare auf ihren Fellen - die Frauen verbannten sie in die Küche. Erst Millionen Jahre später begannen diese wieder zu protestieren, regte sich wieder ein Ansatz zur Emanzipation.

Aber keine Angst, meine Herren, wie sagte schon Ben Akiba: Alles ist schon dagewesen.

Resümee:

Unsere Vormachtstellung in der Ehe verdanken wir heutigen Männer nur unseren Eiszeitgeschlechtsgenossen. Nur durch ihre Durchhaltekraft und den männlichen Mut, den wir von ihnen geerbt haben, sind wir heute glücklich. (Unter uns: Wir würden uns gar nicht trauen, unglücklich zu sein.)

Lied von der Klingel

Goethe sagt: „Viele Dinge sind's, die wir mit Heftigkeit ergreifen sollen." Goethe liegt mir nicht, ich verstehe ihn nicht. Schiller liegt mir. Schiller sagt: „Die kleinen Dinge sind's, die unser Sein vergällen." Das verstehe ich, das könnte von mir sein. Nur drücke ich es anders aus. Ich sage: „Die kleinen Dinge sind's, die uns das Leben mies machen." Und ich kann es beweisen. Wir können z. B. auf einem Berggipfel sitzen, aber nicht auf einem Reißnagel.

Ich fühle mich eins mit Schiller. Schiller schrieb „Das Lied von der Glocke", lesen Sie nun mein Lied von der Klingel.

Es begab sich in der niederösterreichischen Kurstadt Sauerbad an der Schwefel. Die Gemeinde hatte eine neue Schule gebaut, mit Klassenzimmern, Konferenzräumen, Sportplätzen, einem Turnsaal - und natürlich mit einer Klingel. Die Klingel war das Wichtigste. Sie hatte ja nicht nur Beginn und Ende des Unterrichts, sie hatte auch Anfang und Schluß der Pausen anzuzeigen. Und da - gleich in der ersten Woche - passierte es. Die Pause hatte begonnen, die Schüler und Schülerinnen - es war eine gemischte Schule - standen auf den Gängen, plauderten, aßen, rauchten und flirteten, die Zeit wäre längst umgewesen - die Klingel streikte. Einer der Schüler mußte den Klöppel, besser gesagt den Anker, es handelte sich ja um eine elektrische Klingel (siehe Lexikon: Wagnerscher Hammer), a) mit den Händen, b) mit Absicht außer Funktion gesetzt haben. „Die Pause ist um!" rief der Schulwart - die Schüler und Schülerinnen nahmen es nicht zur Kenntnis.

Der Direktor der Anstalt berief die Lehrer und Professoren zu sich ins Konferenzzimmer. „Meine Herren", sagte er, „es muß etwas geschehen. Die Schüler müssen in die Klassenzimmer zurückkehren." Einer der Professoren, der gestrenge Dr. Holzwarth, nahm es auf sich, dies zu veranlassen. Er pflanzte sich vor den Schülern und Schülerinnen auf und sprach: „Wie Sie gehört haben, ist die Pause vorüber - kehren Sie in Ihre Klassenzimmer zurück." Nun traten die Klassensprecher vor, und der Älteste von ihnen sagte: „Herr Professor haben gesagt ‚wie Sie gehört haben'. Wir haben *nichts* gehört. Ich berufe mich daher auf Punkt sechzehn der Schulordnung, in dem es heißt: Sobald die Klingel ertönt, ist die Pause zu Ende, und die Schüler haben in ihre Klassenzimmer zurückzukehren. Das Ertönen der Klingel ist ausgeblieben - wir kehren *nicht* zurück." Professor Holzwarth meldete dem Direktor das Scheitern seiner Mission. Nun trat Dr. Pampfinger vor, Deutschlehrer, der Jüngste des ganzen Lehrkörpers. Er war bereit, sich zu opfern. Er lief durch die Korridore und machte „Bim, bim! Bim, bim!" Die Schüler lachten sich dumm, was ihnen nicht leicht fiel, da sie nicht klug waren.

„Ich weiß, was ich zu tun habe", sagte der Direktor. Er rief die Baufirma an, die die Schule gebaut hatte. „Hier Direktor Moßbach", meldete er sich. „Sie haben den Bau unserer Schule durchgeführt. Nun ist der Fall eingetreten, daß bereits nach wenigen Tagen die Klingel nicht funktioniert. Wir bitten Sie, den Schaden so schnell wie möglich zu beheben."

Die Firma bedauerte. „Die Schule wurde vom Bautenministerium übernommen, wenn Sie irgendwelche Klagen haben, wenden Sie sich an das Bautenministerium."

Direktor Moßbach wendete sich an das Bautenministerium. Das Bautenministerium bedauerte. „Der Herr Bautenminister ist auf Urlaub in Spanien. Ist es dringend?"

„Sehr dringend."

„Dann gebe ich Ihnen seine Nummer." Er gab Moßbach die Nummer. Moßbach rief in Spanien an und verlangte den Bautenminister zu sprechen.

Man bedauerte. „Der Herr Bautenminister mußte seinen Urlaub unterbrechen, er befindet sich auf einer Tagung in Kanada. Hier ist das Sekretariat. Ist es dringend?"

„Außerordentlich."

„Dann gebe ich Ihnen seine Nummer." Er gab Moßbach die Nummer. Moßbach rief in Kanada an, nach einigen Schwierigkeiten wurde er mit dem Bautenminister verbunden. Er erzählte von dem Mißgeschick mit der Klingel.

Der Minister bedauerte. „Das ist nicht unsere Angelegenheit“, sagte er. „Die Schule untersteht dem Unterrichtsministerium. Rufen Sie das Unterrichtsministerium an.“ Moßbach rief das Unterrichtsministerium an.

Man bedauerte. „Der Herr Unterrichtsminister ist in Uganda, um das dortige Schulwesen zu studieren. Ist es dringend?“

„Ungewöhnlich dringend.“

„Dann gebe ich Ihnen seine Nummer.“ Moßbach rief in Kampala an. „Oga otscha!“ meldete sich eine Stimme, was auf ugandisch „Hallo!“ heißen dürfte.

Da Moßbach nicht Ugandisch konnte, versuchte er es mit Englisch. „Please give me the Minister of Education of Austria“, sagte er.

„Ich nicht können Französisch“, antwortete die Stimme.

„Du sprechen Deutsch?“

„Ja!“ sagte Moßbach erfreut.

„Ich gewesen Studente in Deutscheland. Was du wollen?“

Moßbach erzählte wieder die Geschichte von der Klingel.

„Ich verstehen“, sagte die Stimme. „Wir unterentwickeltes Volk, du wollen uns schenken einer Klingel.“

„Nein!“ rief Moßbach. „Ich will nur berichten: Unsere Klingel geht nicht.“

„Oh, unser Klingel geht auch nicht. Unser Klingel hängen an Wand.“

„Unsere Klingel klingelt nicht!“

„Dann vielleicht sie sein kaputt?“

„Natürlich ist sie kaputt!“ schrie Moßbach.

„Du nicht schreien mit mir!“ warnte die Stimme. „Du Krokodil! Du Elefant! Du Nashorn! Ich Minister für Kultur!“ Endlich kam der österreichische Unterrichtsminister. „Sie wünschen?“ erkundigte er sich. Moßbach erzählte von der Klingel. „Wo im Schulgebäude befindet sich die Klingel?“ fragte der Unterrichtsminister.

„Innen.“

„Dann wenden Sie sich an das Innenministerium. Die Angelegenheit fällt nicht in meine Kompetenz.“ Moßbach wendete sich an das Innenministerium.

„Die Klingel ist innen“, sagte man ihm dort, „aber der Strom kommt von außen. Da ist das Außenministerium zuständig.“

Im Außenministerium gab man Moßbach den Rat, sich an die UNO zu wenden. Die UNO-Vollversammlung wählte einen

Oberausschuß, dieser einen Unterausschuß, dieser ein Komitee, das Komitee trat zusammen und vertagte sich. Es vergingen Monate und Jahre, und in der Schule von Sauerbach war noch immer Pause. Da, wie bereits eingangs erwähnt, die Schule eine gemischte Schule war, kamen bald die ersten Babies zur Welt. Moßbach und andere Professoren erreichten die Altersgrenze und gingen in Pension. Der erste Schüler wurde Großvater.

Ein neuer Direktor wurde eingesetzt. Er tat das einzig Richtige. Er ließ einen Elektriker kommen, in einer halben Stunde war der Fall erledigt, die Klingel klingelte - die Schülerinnen und Schüler, würdige Damen und Herren, gingen in ihre Klassenzimmer zurück.

Dr. Pampfinger, der vor der Pause der jüngste Lehrer gewesen war, trat ein. Er war ein Greis geworden. „Wo sind wir stehengeblieben?“ fragte er.

Glatz, der Musterschüler, erhob sich mühsam und sagte mit zittriger Stimme: „Beim Lied von der Glocke.“

Schnecke und Wiesel veranstalteten einen Wettlauf. Die Schnecke kam als erste ans Ziel. Wieso? Das Wiesel hatte den Amtsweg eingeschlagen.

Und das nennen wir Fortschritt?

Der sogenannte Fortschritt bringt uns nicht immer nur Gutes. Z. B. in der Politik. Gab es in früheren Zeiten eine Meinungsverschiedenheit zwischen zwei Nationen, bestieg der eine der beiden verstimmten Außenminister die Eisenbahn und reiste zähneknischend zu seinem Ressortkollegen. Bis er dort ankam, vergingen Tage, die Wut war verraucht, das Gespräch verlief – wie es im Schlußkommuniqué hieß – in kordialer Atmosphäre, die Diplomaten kamen zu einer Einigung, hefteten sich gegenseitig einen Orden an die Brust, der Frieden war gerettet. Heute sind die Regierungschefs durch einen heißen Draht miteinander verbunden. Gibt es heute ein Problem, ruft der Regent des einen Staates den des anderen telefonisch an, ist die Nummer besetzt, drückt er auf einen Knopf, und die Bomben beginnen zu fallen. Und das nennen wir Fortschritt?

Zwei Geschichten. Wien in den 80er Jahren unseres Jahrhunderts. Ich schreibe Wien, der folgende Vorfall könnte sich aber ebensogut in jeder anderen Stadt abspielen oder abgespielt haben. Hermann Pottasch ist Manager der Firma Siegel & Wieselberg, Herrenwäsche en gros. Pottasch lebt in einem ungeheuren Streß. Zu seinen Aufgaben gehört es nicht nur, vierhundertzwanzig Filialen, welche die Firma besitzt, zu kontrollieren, sondern auch die Auslandsverkäufe zu tätigen. Vorgestern noch in New York, war er gestern bereits in Rio – heute früh aus London zurückgekommen, muß er am Nachmittag schon wieder nach Madrid und Paris. Annegret, seine hübsche Frau, hat nichts von ihm, er verbringt kaum ein paar Stunden zu Hause. Bobby, sein Sohn, 4, hatte anfangs verwundert gefragt, wer der fremde Herr sei, der hie und da zu ihnen kommt und bei Mutter schläft, aber jetzt fragt auch er nicht mehr. Der Herr wäre sein Vater, hat man ihm gesagt. Vater? Was ist das?

Pottasch sagt Annegret adieu, stürzt aus dem Haus, springt in seinen Wagen, rast zum Flugplatz und nimmt die Maschine nach Madrid. Unterwegs liest er die Zeitung von morgen. Geiselnahmen, Flugzeugentführungen, Bombenlegungen - der alltägliche Kram. Gelangweilt legt er das Blatt aus der Hand, schon landet die Maschine auf dem Madrider Flughafen, die spanischen Geschäftsfreunde fahren ihn in ihr Büro, wo er den neuesten Hit seiner Firma präsentiert: Slips, kleine Höschen für Herren, nicht mehr wie bisher mit Blumen geschmückt, sondern mit Sprüchen versehen. „Worauf wartest du?" für Rasante, „Liebst du mich wirklich?" für Romantische, und „Mit dem Slip in der Hand, kommt man durch das ganze Land!" für Männer, die keine Zeit haben. Die Slips gibt es natürlich in allen Sprachen, die Herren, angetan von der neuen Idee, erwerben die Lizenz, Pottasch macht den Vertrag, rast zum Flugplatz und erreicht gerade noch die Maschine nach Paris.

Inzwischen in Wien. Pottasch hat das Haus verlassen, Annegret stürzt zum Telefon. „Heinz?" fragt sie.

„Ja."

„Er ist fort."

„Ich komme." Heinz ist der Mann, der Annegret während der Abwesenheit ihres Gatten tröstet.

„'n Tag, Onkel!" grüßt ihn Bobby, 4. Er kennt ihn besser als seinen Vater, weil er ihn öfter sieht.

Pottasch auf dem Flugplatz in Paris. Ein Herr erwartet ihn, er bedauert, daß die Zusammenkunft wegen eines Trauerfalles kurzfristig abgesagt werden müsse - die Fabrik, welche die Lizenz für die Siegel & Wieselberg-Slips erwerben wollte, war gestorben. Pottasch nimmt die Maschine nach Wien. Er kehrt einen Tag früher zurück als ursprünglich angenommen - Annegret wird sich freuen.

Er kommt nach Hause und findet seine Frau mit Heinz im Bett. Annegret freut sich *nicht.* Pottasch zieht eine Pistole aus der Tasche, gibt Heinz eine Ohrfeige und wirft ihn hinaus.

Wir drehen zurück. Wien in den 80er Jahren des vorigen Jahrhunderts. Ich schreibe Wien, der folgende Vorfall könnte sich aber ebensogut in jeder anderen Stadt abspielen oder abgespielt haben. Die Welt ist im Aufbruch, aber der ganz große Fortschritt hat sich noch nicht eingestellt. Die elektrische Glühbirne ist erfunden, aber elektrisches Licht zu haben gehört noch nicht zu den Selbstverständlichkeiten des täglichen Lebens. Hermann Pottasch ist Reisender der Firma Siegel & Wieselberg, Herrenwäsche en gros, die im Vorjahr gegründet worden war. Niemand - auch Pottasch nicht - konnte damals ahnen, daß das Unternehmen als Großbetrieb noch in hundert Jahren bestehen und daß Hermann Pottasch, der Enkel des jetzigen Pottasch, zu dieser Zeit Salesmanager des Hauses sein würde.

Pottasch seufzt. Reisender zu sein ist kein Vergnügen. Erst vorige Woche aus Znaim zurückgekehrt, muß er heute schon wieder nach Mährisch-Trübau. Seine hübsche Frau Elisabeth hat wirklich nichts von ihm, und sein Sohn Robert, 4, wächst zwei Tage in der Woche vaterlos auf. Pottasch nimmt seinen Musterkoffer, besteigt die Pferdebahn und fährt zum Bahnhof. Dort nimmt er den Zug nach Mährisch-Trübau. Während der Fahrt liest er die Zeitung. Er wundert sich, wie schnell die Berichte heutzutage einlangen. Alfons XIII. ist, wie er erfährt, vor vier Wochen König von Spanien geworden, Portugal hat die Kolonie Angola in Afrika erschlossen, in Belgien wurde eine Arbeiterpartei gegründet. Aber auch auf dem Kultursektor ist allerhand los. Leipzig hat einen neuen Opernkapellmeister bekommen, sein Name ist Gustav Mahler, Johann Strauß hat eine neue Operette „Der Zigeunerbaron“ beendet, und auf dem Büchermarkt ist ein neues Werk erschienen: „Das Kapital“, 2. Band, von Karl Marx, herausgegeben von Friedrich Engels. Pottasch zuckt die Achseln. Er kennt nicht einmal den ersten Band. Auch die Namen der beiden Autoren sagen ihm nichts. Er beschließt zu schlafen.

„Mährisch-Trübau! Bitte aussteigen!“ Pottasch schüttelt bewundernd den Kopf. Dieses Tempo! Die Fahrt von Wien nach Mährisch-Trübau hat nur noch etwas über vierzehn Stunden gedauert.

Inzwischen in Wien. Kaum hat Pottasch die Wohnung verlassen, schickt Elisabeth durch den Sohn ihres Hausbesorgers ein Billet-doux an Max Blauenstein, einen jungen Maler: „Mein Mann ist verreist! Ich liebe Dich!“ Max eilt zu ihr - Elisabeth fliegt in seine Arme.

Mährisch-Trübau. Pottasch führt Herrn Perlmutter, dem Chef der Firma Perlmutter & Sohn, seine neue Kollektion vor, deren Prachtstück die lange Herrenunterhose „Eros“ ist. Perl-

mutter ist begeistert. Er wird die Hose für Böhmen und Mähren erzeugen. Der Vertrag wird geschlossen, Pottasch fährt einen Tag früher als erwartet nach Wien zurück. Elisabeth wird sich freuen. Ich wiederhole: Elektrisches Licht zu haben, gehörte noch nicht zu den Selbstverständlichkeiten des täglichen Lebens. Pottasch betritt leise das Schlafzimmer, Max und Elisabeth liegen im Bett, aber Pottasch sieht sie nicht. Es ist finster. Pottasch sucht nach den Zündhölzern, er findet sie, er nimmt vorsichtig den Zylinder von der Petroleumlampe, er sucht nach der Schere, er findet auch diese, er schneidet den Docht zurecht, er zündet ihn an, er gibt langsam den Zylinder auf die Lampe zurück - und jetzt sieht er. Und *was* sieht er? Seine geliebte Elisabeth, die scheinbar schlafend im Bett liegt. Sie freut sich und sie hat allen Grund dazu. Max hat Zeit gehabt, sich gemütlich anzuziehen, sich von ihr zu verabschieden und ein Rendezvous für den nächsten Tag auszumachen. Jetzt öffnet sie die Augen. „Schön, daß du da bist!" flüstert sie …

Fazit? Hat uns der Fortschritt wirklich das Glück gebracht? Nein. Nehmen Sie nur die Entdeckung der Elektrizität: Wie viele Ehen könnten heute noch gerettet werden, wenn es kein elektrisches Licht gäbe.

Der „Was-bringt-die-Zukunft“-Computer

Ein Narr, wem die Zukunft gesichert erscheint,
Oft lacht noch am Freitag, wer Sonntag schon weint.
(Jean Racine, 1667)

Es klopft an die Tür.

„Herein!“

Joschi tritt ein, er hält einen kleinen Koffer in der Hand.

„Bist du allein?“ fragt er.

„Ja.“

„Ich habe dich angerufen.“

„Und ich habe dir gesagt, daß du um fünf kommen sollst. Also? Es ist fünf - was willst du?“

„Es kann uns bestimmt niemand hören?“

„Bestimmt nicht. Was bringst du mir?“

„Das hängt von dir ab. Wenn du klug genug bist, etwas zu investieren, kann es dein Glück sein.“

Investieren. Aus Joschis Mund höre ich dieses Wort nicht gern. Ich habe schon soviel bei ihm investiert und fast nie mit Erfolg. Joschi ist ein Finanzgenie - er braucht mehr Geld als er verdient. Er hat die reizvollsten Ideen, er spricht darüber zu Produzenten oder Verlegern, so lange bis er einen größeren Vorschuß erreicht. Soll er dann die Idee zu Papier bringen und einen Roman oder ein Drehbuch draus machen, verliert er die Lust. Es gelingt ihm nicht. Jeder weiße Bogen, den er vollschreiben soll, ist ihm ein Greuel. Er kauft deshalb nur gelbes oder rosa Papier, damit es nicht so leer aussieht. Natürlich sind seine Geldgeber nicht auf den Kopf gefallen, und es glückt ihm immer seltener, den begehrten Vorschuß zu ergattern. In der Zwischenzeit befaßt er sich mit allen möglichen Luftgeschäften. Bald ist er oben, bald ist er unten. Ist er unten, helfen wir, seine

Freunde, ihm aus - ist er oben, bezahlt er alles mit Dank zurück. Er ist ein sympathischer Gauner.

„Setz dich."

Joschi nahm Platz. „Du bist der erste", sagt er, „dem ich das Wunderding vorführe."

„Was für ein Wunderding?"

„Das da." Er öffnet den Koffer, nimmt einen mit einem Tuch verhüllten Gegenstand ungefähr in der Größe eines Fernsehmonitors heraus, stellt ihn auf den Tisch, nimmt das Tuch herunter - es *ist* ein Monitor. „Na?" fragt er erwartungsvoll.

„Was heißt na? Was ist das?"

„Das größte Wunder aller Zeiten. Der ‚Was-bringt-die-Zukunft-Computer'. Du bist der erste, dem ich ihn vorführe. Er ist das Produkt eines österreichischen Erfinders, aber du weißt, für große Österreicher gibt es bei uns kein Geld. Wir haben uns also entschlossen, eine AG zu gründen. Sobald wir das nötige Kapital beisammen haben, lassen wir die Sache patentieren und steigen in die Serienproduktion ein."

„Und was willst du von mir?"

„Ich frage zuerst meine Freunde, ob sie sich daran beteiligen wollen. Ihr habt mir so oft geholfen - ich bin euch das schuldig. Wenn du also dabei sein willst?"

„Moment", sagte ich. „Was kann der Computer?"

„Er verrät uns Geschehnisse, die sich noch nicht ereignet haben, die sich erst in Zukunft abspielen werden. Man nennt ihm eine Jahreszahl, und er sagt, was in diesem Jahr geschehen wird."

„Er sagt? Kann er denn reden?"

„Nicht direkt. Hier, auf diesem kleinen Bildschirm, kannst du alles ablesen. Paß auf - ich mache eine Probe. Ich nenne einige Jahreszahlen. Dreitausendeinhundert."

Auf dem Bildschirm erschienen in grüner Schrift folgende Sätze: „Dreitausendeinhundert. Mexikanische Terroristen nehmen den Staat Texas als Geisel, in der Nordsee stoßen Fischer auf einen sogenannten Hering (Clupea herengus), ein Exemplar der durch Wasserverschmutzung längst ausgestorbenen Tiergattung Fisch, in Los Angeles wird ein Gebiet ausgegraben, von dem man annimmt, daß es sich um die sagenhafte Filmstadt Hollywood handelt, wobei man auf die durch Alkohol konservierte Leiche des einstmals berühmt gewesenen Filmstars Richard Burton stößt."

Ich war baff. „Allerhand“, sagte ich bewundernd.
„Viertausendeinhundertfünf“, setzte Joschi fort.
Der Computer gab Auskunft. „Viertausendeinhundertfünf. Interplanetarischer Krieg, die UNO beruft den Weltsicherheitsrat ein.“
„Viertausendeinhundertsechs.“
„Viertausendeinhundertsechs. Die Sowjets erobern den Mond, der Weltsicherheitsrat tagt.“
„Viertausendeinhundertneun.“
„Viertausendeinhundertneun. Sieg der Amerikaner, GIs besetzen die Venus, andere liegen auf der Jungfrau, Installierung der ersten planetarischen Coca-Cola-Fabrik, der Weltsicherheitsrat tagt.“
„Viertausendeinhundertzwölf.“
„Viertausendeinhundertzwölf. China tritt in den Krieg ein, die Chinesen erobern den roten Planeten, der ab sofort der gelbe Planet heißt, Luftschlachten im Weltall, Sterne fallen auf die Erde, der Weltsicherheitsrat verurteilt den Krieg auf das energischste.“
„Viertausendeinhundertfünfzehn.“
„Viertausendeinhundertfünfzehn. Die von den Kriegsteilnehmern gefürchtete Lösung zeichnet sich ab. Österreich gibt seine Neutralität auf, es beschließt, die Ruhe wiederherzustellen, großer Sieg des Bundesheeres in der Schlacht beim Großen Bären, Österreich zwingt den kriegführenden Nationen den Frieden bei Grinzing auf, wobei Amerika die Sowjetrepublik und der Sowjetrepublik Amerika zugesprochen wird. Österreich wird Supermacht Nummer eins.“
„Wunderbar!“ stammelte ich.
„Willst du dich beteiligen?“
„Selbstverständlich! Was kostet eine Aktie?“
„Dreitausend Schilling.“
„Gib mir fünf.“ Ich überreichte Joschi einen Scheck auf fünfzehntausend Schilling. „Darf auch ich jetzt den Computer etwas fragen?“
„Wenn du willst?“ sagte Joschi unangenehm berührt.
„Eintausendneunhundertzwoundachtzig.“
Der Computer schrieb: „Viertausendeinhundertsiebzehn. Zusammenschluß aller Staaten der Erde, Sitz der Weltregierung auf dem Mond.“

Ich sah Joschi befremdet an. Der Apparat mußte kaputt sein. Ich versuchte es noch einmal mit einer anderen Jahreszahl.

„Eintausendneunhundertdreiundachtzig."

„Viertausendeinhundertneunzehn. Die Weltregierung verbietet sämtliche Waffen, Armeen und Polizei werden aufgelöst, es gibt keine Verbrecher mehr, der letzte Mörder wird unter Denkmalschutz gestellt." Was soll das?

Joschi erklärte es mir. „Du darfst den Computer nur nach Ereignissen ab dem Jahr dreitausend fragen", meinte er.

„Ab dem Jahr dreitausend? Da können wir doch niemandem beweisen, daß er richtig vorausgesagt hat?"

„Dafür kann *uns* niemand beweisen, daß er *nicht* richtig vorausgesagt hat", lächelte Joschi verschmitzt.

Ich war empört. „Da ist doch das Ganze ein Schwindel!"

„Ja."

„Da wird doch der Erfinder bald sitzen?"

„Bald?" wiederholte Joschi kleinlaut. „Du wirst lachen - er sitzt *schon!*"

Die fünfzehntausend Schilling habe ich zurückbekommen und doch - ich hätte gerne darauf verzichtet. Es wäre zu schön gewesen: Weltregierung, Waffenverbot, Armeen und Polizei aufgelöst, der letzte Mörder unter Denkmalschutz ...

Statt dessen las ich heute in der Zeitung: 531. Sitzung zum Thema Entspannungspolitik in Wien. Endlich greifbares Resultat. Westen verzichtet auf Mittelstreckenraketen - Osten löst die Militärkapellen auf.

Ein neuer Nerz

Es gibt Frauen, die wie Bücher sprechen. Besonders dann, wenn sie einen neuen Einband brauchen. Bei Lisa Wimmer war dies der Fall. Ihr Wunsch war: Ein neuer Nerz.

Es war nach dem Abendessen. Lisa Wimmer und Leo, ihr Gatte, saßen in der gemütlichen Wohnzimmerecke. Leo las die Abendzeitung, Lisa, gereizt, trommelte mit den Fingern der rechten Hand auf die Tischplatte. Leo sah auf.

„Was ist los, Schatz?“ fragte er. „Du hast heute abend noch keine zweitausend Worte gesprochen.“

„Es wundert mich, daß dir das auffällt“, entgegnete Lisa. Die Wohnzimmerecke hörte auf, gemütlich zu sein. „Zu wem sollte ich auch sprechen? Zu dir? Du bist doch in deine Lektüre vertieft. Ich möchte bloß wissen, was dir an der dummen Zeitung so gut gefällt.“

„Daß sie mich nicht beim Lesen stört“, antwortete Leo ruhig. „Aber bitte - wenn du mir etwas zu sagen hast?“ Er legte die Zeitung weg.

Lisa suchte erst gar nicht nach einem Übergang. „Ich möchte, daß du dich morgen nachmittag für mich freihältst. Ich habe die Absicht, mir ein paar Pelze anzusehen.“

„Gut“, meinte Leo, „gehen wir in den Zoo.“ Er griff wieder nach seinem Blatt.

„Laß die Zeitung!“ zischte Lisa. „Du weißt genau, was ich meine! Ich brauche einen neuen Pelzmantel! Ich trage meinen Biber das fünfte Jahr!“

„Das wäre kein Grund“, konterte Leo. „Der Biber hat ihn sein ganzes Leben getragen.“

„Sehr lustig“, höhnte Lisa. „Wenn ich an die Versprechungen denke, die du mir vor unserer Ehe gemacht hast! Ich werde Brillanten haben, ich werde Pelze haben --“

„Na und?“ meinte Leo ruhig. „Hast du noch nie etwas von Wahlpropaganda gehört?“

„Schweig!“ fauchte Lisa. „Diesmal kommst du nicht drum herum! Mela Robinson hat einen Zobel, Vera Wronsky hat einen Zobel, Trude Spannagl hat einen braunen Persianer --“

„Einen braunen Persianer habe ich dir doch auch geschenkt. Zu Weihnachten.“

„Zu Weihnachten 1960! Es war der billigste Persianer, den je eine Frau getragen hat! Jede Woche mußte ich ihn zum Friseur bringen, damit er ihm die Löckchen frisch eindreht!“

„Was ist eigentlich aus ihm geworden?“

„Dem Roten Kreuz habe ich ihn geschenkt! Bei einer Altkleidersammlung!“

„Das war leichtsinnig von dir.“

„Leichtsinnig? Sie haben ihn mir zurückgeschickt, mit der Bemerkung, daß sie für alte Teppiche keine Verwendung haben! Ich brauche einen Pelz! Einen Nerz!“

Leo verlor nicht die Ruhe. „Das mußt du dir aus dem Kopf schlagen“, sagte er. „Ich muß an meine Kredite denken.“

„An deine Kredite kannst du auch denken, wenn ich einen Nerz trage“, meinte Lisa logisch.

Leo beendete das Gespräch. „Gedulde dich“, sagte er, „der Winter ist sowieso bald vorüber - nächstes Jahr reden wir weiter.“ Lisa geduldete sich nicht. Sie lag die ganze Nacht wach in ihrem Bett und zermarterte sich das Gehirn. Wie komme ich zu einem Nerz? fragte sie sich immer wieder. Am Morgen wußte sie es. Sie mußte den Biber loswerden, vergessen, verlieren, irgendwo hängenlassen. Das war die Lösung. Der Mantel war versichert, mit der Summe, die sie dafür kassieren würde, könnte sie sich den ersehnten Nerz kaufen. Sie verlor keine Zeit. Zu Mittag zog sie den Mantel an und ging in ein Restaurant. Es war ein großes Lokal mit vielen Gästen, wo sie nicht weiter auffiel. Sie hängte den Biber an die Wand, aß, bezahlte und ging fort. Jetzt bin ich ihn los! triumphierte sie. Kaum war sie an der nächsten Ecke, rief eine Stimme hinter ihr: „Gnädige Frau! Gnädige Frau!“ Es war der Ober des Restaurants. „Sie haben Ihren Mantel vergessen! Hier ist er!“ „Also so etwas!“ versuchte Lisa zu lächeln, dabei hätte sie ihm am liebsten eine über den Kopf gegeben, daß sich zehn Minuten später die Mordkommission über eine unkenntliche Masse gebeugt hätte. „Hier!“ Sie gab ihm zwanzig Schilling Trinkgeld. „Danke, gnädige Frau!“ Er ging in das Lokal zurück. „Die scheint verrückt zu sein“, sagte er zu dem Gast, der ihn auf den zurückgelassenen Mantel aufmerksam gemacht hatte. „Fünf Grad unter Null, ein Schneesturm, und sie geht ohne Mantel auf die Straße!“

Lisa fuhr ziel- und planlos durch Wien. Am Eingang zum Prater hielt sie den Wagen an. Ich werde ein Stück zu Fuß gehen, dachte sie, stieg aus, machte einige Schritte, da plötzlich ein Ruck an ihrem rechten Arm - ein Mann hatte ihr die Handtasche entrissen und lief davon. „Stehenbleiben!“ rief sie, „oder ich schieße!“ Sie hatte zwar keinen Revolver, aber die Drohung wirkte. Der Dieb kam zurück, gab ihr die Handtasche und bat: „Übergeben Sie mich nicht der Polizei! Ich habe eine Frau und sieben Kinder!“ Lisa sah ihn an und rief überrascht: „Meisel!“ Meisel senkte verschämt den Kopf. Er war bis vor einem Jahr Bürodiener im Geschäft ihres Gatten gewesen, hatte einmal in die Kasse gegriffen und war entlassen worden. „So weit ist es also mit Ihnen gekommen?“

„Sie werden mich anzeigen?“ fragte Meisel besorgt.

„Nein“, sagte Lisa. Sie hatte blitzschnell einen Plan gefaßt. „Das heißt, wenn Sie mir einen Gefallen tun. Sie müssen einen Mantel stehlen.“

„Einen Mantel? Was für einen Mantel?“

„Meinen Mantel. Diesen hier. Sehen Sie das Kaffeehaus gegenüber? Ich gehe hinein, hänge meinen Mantel auf, Sie kommen etwas später, trinken einen Mokka und verlassen das Kaffeehaus mit meinem Mantel unter dem Arm. Hier, nehmen Sie - fünfhundert Schilling.“ Meisel war überrascht. „Danke, gnädige Frau“, stammelte er.

Lisa ging in das Kaffeehaus, hängte den Mantel auf und nahm einen Juice. Meisel betrat das Lokal. Er trank einen Mokka, bezahlte, nahm den Mantel und ging. Lisa atmete auf. Im selben Moment rief eine Dame: „Polizei! Der Kerl hat meinen Mantel gestohlen!“ Zwei Ober hielten Meisel zurück, ein Polizist kam und verhaftete ihn. Der Trottel hatte den falschen Mantel genommen. „Dieses Gesindel!“ sagte die Dame zu Lisa. „Heutzutage kann man nicht genug aufpassen!“

Lisa fluchte vor sich hin. Wieder nichts! Sie fuhr zur Donau, ohne zu wissen, warum. Inzwischen hatte es zu schneien aufgehört, die Temperatur war gestiegen, die Sonne schien – Lisa setzte sich auf eine Bank. In ihrer Nähe spielte ein kleines Hündchen. Jetzt hatte sie *die* Idee! Sie zog den Mantel aus und warf ihn in die Donau. Dann fuhr sie nach Hause und legte sich ins Bett.

Am Abend kam Wimmer aus dem Büro, Lisa stöhnte und zitterte. „Was hast du?" fragte er besorgt.

„Stell dir vor", antwortete Lisa schüttelfrostig, „was mir passiert ist! Ich hatte Kopfschmerzen, fuhr zur Donau, um ein bißchen Luft zu schnappen, plötzlich sehe ich einen riesigen Wolfshund auf mich zukommen, ich laufe davon, er mir nach, ich rufe um Hilfe, er faßt mich am Mantel, ich ziehe ihn aus, springe in den Wagen und sehe gerade noch, wie der Hund den Mantel ins Wasser wirft."

„Schrecklich", meint Leo bedauernd. „Was wirst du jetzt tun? Wenn du keinen Mantel hast, werde ich dir ja doch einen kaufen müssen, so schwer es mir auch im Moment fällt." Lisa war es zumute, als ob in ihrem Innern die Siegesglocken läuten würden, aber es war bloß die Türglocke. Ein fremder Mann stand draußen und brachte den Mantel. Er hatte ihn aus der Donau gefischt. „In der Tasche war ein Brief an die gnädige Frau, so daß ich wußte, wohin er gehört." Leo gab ihm fünfhundert Schilling Finderlohn. Er war gerührt. „Es gibt noch ehrliche Menschen in diesem Land", sagte er. Lisa hätte am liebsten alle Menschen in diesem Land, und besonders die ehrlichen, vergiftet.

Drei Tage später hatte sie Geburtstag. Sie gab eine kleine Party. Man brachte ihr Blumen, Bonbonnieren, kleine Bücher wie „Alles Gute zum Wiegenfest" usw. Und dann kam Leo mit dem Hauptgeschenk: einem hellen Nerz!

Lisa war außer sich vor Freude, besonders als er gestand, daß er sich nur deshalb um den neuen Mantel gedrückt hatte, weil er eine Überraschung für sie sein sollte. Die anwesenden Freundinnen Lisas waren entzückt.

„Dieser Schnitt!" sagte Mela Robinson bewundernd. „Er wirkt ausgesprochen jugendlich!"

„Mela hat recht", stimmte Vera Wronsky ihr bei. „In diesem Mantel schaust du um zehn bis fünfzehn Minuten jünger aus!"

Lisa war überglücklich. Sie schenkte den alten Biber sofort ihrer Hausbesorgerin, der Hausbesorger war Kürschner, der wird ihn wieder auf Glanz herrichten.

Am nächsten Tag traf sie sich mit Trude Spannagl in einer der feinsten Kaffeekonditoreien der Inneren Stadt. Lisa war so gut gelaunt, wie schon lange nicht.

„Glaubst du, daß es wahr ist, was man sich von Gerda Färber erzählt?" fragte sie.

„Natürlich ist es wahr", meinte Trude. „Was erzählt man sich?"

Lisa berichtete. Sie redete und redete, und als die Freundinnen endlich nach Hause gehen wollten und Lisa ihren neuen Mantel suchte - war er gestohlen worden. Und der war noch *nicht* versichert gewesen.

Die nächste Zeit lief Lisa in einem billigen Stoffmäntelchen herum, weil Leo sich weigerte, ihr einen Pelz zu kaufen. Und so oft sie ihre Hausbesorgerin in dem renovierten Biber sah, beneidete sie sie.

Das wäre eigentlich das Ende der Geschichte - ist es aber nicht.

Seit neuestem spricht man von Lisa Wimmer und dem reichen Guido Melzer. Und sie hat auch wieder einen Nerz. Und ihre Freundinnen sind sich einig, daß es Leo recht geschieht. Die eine bekommt eben einen Pelz, damit *ihr* nicht kalt ist - und die andere, damit *sie* nicht kalt ist. *Das* ist das Ende.

Generationsproblem

Warum sorgen wir uns wegen der verrückten Teenager? Noch ein paar Jahre, und sie sind verrückte Erwachsene. Generationsproblem.

Mein Schwager Walter Goldmann machte sich Sorgen. „Du mußt mit ihm reden“, sagte er mir am Telefon. Er, das war Ladi, sein Sohn, mein Neffe, damals 15. „Auf dich hört er“, setzte er fort. „Es handelt sich um seine Kleidung. Ich führe jetzt neben meinem Textilgeschäft eine exklusive Herrenmodenboutique, ich verkaufe die feinsten Stoffe, die elegantesten Krawatten, die ausgesuchtesten Hemden - und mein Sohn? Was trägt er? Blue jeans und T-Shirts. Das ist nicht gut fürs Geschäft. Was werden die Kunden denken? Uns dreht er die teuersten Sachen an, und er selber scheint nichts davon zu halten, sonst ließe er seinen Sohn nicht so herumlaufen. Das mußt du ihm beibringen.“

„Gut“, sagte ich, „ich werde es versuchen.“

„Du mußt mit ihm reden“, sagte mir meine Schwägerin Hermine am Telefon. Er, das war Ladi, ihr Sohn, mein Neffe, damals 15. „Es handelt sich um seine Kleidung. Walter führt jetzt neben seinem Textilgeschäft eine exklusive Herrenmodenboutique, er verkauft die feinsten Stoffe, die elegantesten Krawatten, die ausgesuchtesten Hemden - und unser Sohn? Was trägt er? Blue jeans und T-Shirts. Das ist nicht gut für unser Geschäft. Was werden die Kunden denken? Uns dreht er die teuersten Sachen an, und er selber scheint nichts davon zu halten, sonst ließe er seinen Sohn nicht so herumlaufen. Das mußt du ihm beibringen.“

„Gut“, sagte ich, jetzt schon etwas gereizt, „ich werde es versuchen.“

„Du mußt mit ihm reden“, sagte mir meine Frau am Mittagstisch. Er, das war Ladi, Walter und Herminens Sohn, unser Neffe, damals 15. „Es handelt sich um seine Kleidung. Walter führt jetzt neben seinem Textilgeschäft eine exklusive Herrenmodenboutique, er verkauft die feinsten Stoffe, die elegantesten Krawatten, die ausgesuchtesten Hemden - und sein Sohn? Was trägt er? Blue jeans und T-Shirts. Das ist nicht gut für Walters Geschäft. Was werden die Kunden denken?"

„Uns dreht er die teuersten Sachen an, werden sie denken", unterbrach ich sie ärgerlich, „und er selber scheint nichts davon zu halten, sonst ließe er seinen Sohn nicht so herumlaufen! Das muß ich ihm beibringen!"

„Ja", meinte meine Frau verwundert. „Woher weißt du das?"

„Ich habe es oft genug gehört!"

„Okay, dann unternimm etwas."

Ich überlegte. Daß es nicht leicht sein wird, war mir klar. In einer schlaflosen Nacht legte ich mir einen genauen Plan zurecht. Am Morgen saß ich an meinem Schreibtisch und schrieb mir eine Rolle: die Rolle des gütigen Onkels. Am Vormittag lernte ich sie auswendig. „Hör mich an, Ladi", begann ich, „ich habe etwas mit dir zu besprechen. Es ist nichts Wichtiges, bloß ein guter Rat, aber du solltest darüber nachdenken. Es handelt sich um deine Kleidung." Das war der Anfang - nun weiter. „Ehe du zur Welt kamst, versuchte die Jugend, der drohenden Vermassung zu entgehen. Sie haßte das Establishment, sie wollte die bestehende Ordnung stürzen, sie wollte keine Zwänge, sie wollte ausbrechen. Um uns Erwachsenen zu zeigen, daß sie anders sind als wir, ließen die Jungen sich Bärte stehen, Mähnen wachsen, gaben es auf, sich anständig zu kleiden, trugen Blue jeans und T-Shirts - und sahen einer aus wie der andere. Alle gleich. So wurden sie erst recht zur Masse. Und so ist es noch heute. Deshalb will ich dir sagen -"

„Guten Morgen, Onkel!" Ladi kam zur Tür herein und unterbrach mein Rollenstudium.

„Guten Morgen, Ladi", sagte ich freundlich. „Gut, daß du kommst, ich habe etwas mit dir zu besprechen. Es ist nichts Wichtiges, bloß ein guter Rat, aber du solltest darüber nachdenken. Es handelt sich um deine Kleidung." Den Anfang hatte ich hinter mir - nun weiter. Aber Ladi wartete gar nicht erst ab.

„Gefällt sie dir?" fragte er erfreut. „Das kann ich verstehen. Ich wollte *auch* mit dir reden, es ist *auch* nichts Wichtiges, *auch* bloß ein guter Rat, aber du solltest *auch* darüber nachdenken. Es handelt sich um *deine* Kleidung. Du suchst doch immer lustige

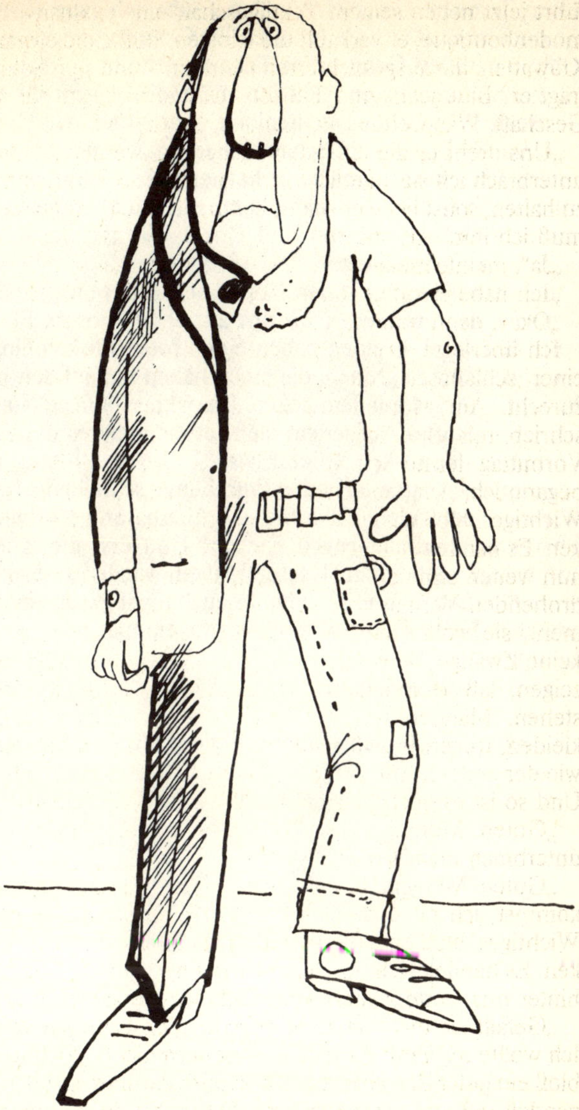

Ideen für deine Geschichten - ich glaube, ich habe eine. Schau dir doch einmal an, wie komisch ihr Opas angezogen seid und schreib darüber. Geht ihr ins Theater, geht ihr dunkel, geht ihr zu einem Abendessen, geht ihr im Smoking, geht ihr auf den Jägerball, geht ihr im Trachtenlook, geht ihr auf den Opernball, geht ihr im Frack - ihr schaut einer aus wie der andere. Alle gleich. Ich zerbrösle mich vor Lachen, wenn ich meinen Vater sehe, wenn er ausgeht - dann kommst du und schaust genauso aus und Onkel Robinson und Onkel Wronsky auch. Das ist doch eine Vermassung."

Ich senkte beschämt den Kopf. „Schau *uns* an", sprach Ladi weiter, „wie verschieden *wir* uns anziehen! Unsere Blue jeans zum Beispiel. Die einen haben einen roten Flicken eingesetzt, die andern einen grünen, die einen haben ihn auf dem rechten Knie, die andern auf dem linken. Das ist persönliche Note! Oder unsere T-Shirts! Auf jedem steht etwas anderes drauf! ‚I like music', ‚I like Coke', ‚I like Elvis', ‚I like hash'! Aber ihr? Ihr könntet doch auch auf euer Frackhemd schreiben: ‚I like the Bettelstudent' oder ‚I like the Zigeunerbaron'! Ihr habt keine Phantasie! Und die engen Kragen! Und erst die Krawatten! Einmal gestreift, einmal getupft, dann wieder gestreift, dann wieder getupft! Warum bindet ihr euch nicht gleich einen Strick um den Hals? Darüber müßtest du einmal eine Geschichte schreiben!"

Was hiermit geschehen ist.

Die Jugend weiß nichts, aber was sie weiß, weiß sie besser.

Sind wir wirklich so?

Wir Menschen haben aufgehört Individuen zu sein. Wir sind eine Masse geworden. Eine Menschenmasse. Man teilt diese Masse in drei Teile: in hübsche Menschen, in kluge Menschen und in die Mehrheit. Ich aber frage mich: Sind wir wirklich so?

Es ist eine alte Sitte, jeder Klasse von Menschen ihren Stempel aufzudrücken. Wie wir heute sagen: ihr Image zu geben. Nehmen wir die Nationen: Alle Schotten sind geizig, alle Spanier feurig, alle Italiener sind Papagalli, alle Deutschen zackig und alle Österreicher schlampig. Letztere sind außerdem Walzertänzer und Küß-die-Hand-Sager.

Nehmen wir die Berufe: Alle Handwerker sind unverläßlich, alle Dichter hungrig, alle Journalisten lügen und alle Staatsbeamten schlafen. Letztere sind außerdem unhöflich und beziehen unverdienterweise eine hohe Pension. Ist das wirklich so? Kann man Menschen nach ihrer Staatszugehörigkeit oder nach ihrem Beruf beurteilen? Manchmal scheint es so, und wenn mein Freund Albert die Wahrheit spricht, muß man sogar daran glauben. Albert war dreimal verheiratet, und keine seiner drei Ehen hat die Hochzeitsnacht überdauert.

Renate, seine erste Frau, war Lehrerin. Die Hochzeitsreise ging nach den Bahamas, wo Albert eine Suite in einem Fünfsternhotel gebucht hatte. Die Hochzeitsnacht kam heran. Albert, im Schlafrock und Pyjama, ging ungeduldig auf und ab – Renate war noch im Badezimmer. Albert sah nach der Uhr. „Wo bleibst du, Liebling?“ fragte er. „Ich warte auf dich!“

Renate erschien. Sie sah entzückend aus. Sie trug ein weißes Seidennachthemd, auf der Nase hatte sie ihre Brille sitzen.

„Endlich!“ rief Albert und eilte auf sie zu, um sie zu umarmen. Er hatte sich getäuscht.

„Hände auf die Bank!“ sagte sie streng.

„Aber darling!“ Albert war außer sich. „Wir feiern doch unsere Hochzeitsnacht! Schau dich doch um! Findest du es hier nicht romantisch? Blick aus dem Fenster! Dort unten liegt das Meer!“

„Zeig nicht mit dem Finger!“ herrschte Renate ihn an und schlug ihn auf die Hand.

Albert war starr, aber er bezähmte sich. „Liebling“, sagte er leicht vorwurfsvoll. „Wir sind doch nicht in der Schule. Gib mir einen Kuß!“

„Küssen ist unhygienisch. Bei jedem Kuß werden, wie die Wissenschaft beweist, sechs Millionen Bakterien verdrängt.“

„So viele?“ meinte Albert gereizt. „Und ich dachte, wir wären allein.“

„Liebst du mich überhaupt?“ fragte Renate ohne jede Emotion.

„Wahnwitzig!“

„Das ist keine Antwort. Du hast mit ‚Bitte ja‘ oder ‚Bitte nein‘ zu antworten.“

Albert packte die Wut. „Bitte ja, Frau Lehrerin!“ schrie er.

„Steh auf, wenn ich mit dir rede!“

Albert, der sich auf das Bett gesetzt hatte, sprang auf. „Ja, Frau Lehrerin!“ brüllte er. „Und wenn du mich fragst, ob ich das noch länger mitmache, sage ich: ‚Nein, Frau Lehrerin!‘ Ich lasse mich doch in meiner Hochzeitsnacht nicht wie ein Schuljunge behandeln!“

„Sei nicht frech!“

„Ich lasse mich scheiden!“

„Ist das dein Ernst?“

„Ja! Oder soll ich mir durch deine Pädagogik mein Leben ruinieren lassen?“

„Du wirst mir morgen deine Mutter schicken!“

Albert lenkte ein. „Darling!“ bat er.

„Heb die Hand, wenn du etwas willst!“

Albert hob die Hand.

„Sprich!“

„Wollen wir es nicht doch miteinander versuchen?“ fragte er. Er nahm Renate in seine Arme. Endlich verlor sie ihre Ruhe.

„Du!“ hauchte sie.

Die Uhr schlug zwölf. Renate fand sich sofort wieder. „Es ist Pause“, sagte sie. „Verlasse ohne zu schwätzen das Zimmer!“

Die Ehe wurde geschieden.

Alberts zweite Frau, Daniela, war Sekretärin in einem Herrenmodewarengeschäft. Die Hochzeitsreise ging wieder nach den Bahamas, Albert hatte wieder dieselbe Suite gebucht, in demselben Hotel wie das erstemal. Die Hochzeitsnacht kam heran. Albert, im Schlafrock und Pyjama, ging ungeduldig auf und ab – Daniela war noch im Badezimmer. Albert sah nach der Uhr. „Wo bleibst du, Liebling?" fragte er. „Ich warte auf dich!"

Daniela erschien. Sie sah entzückend aus. Sie trug ein blaues Seidennachthemd, in der Hand hielt sie einen Notizblock und einen Kugelschreiber.

„Was willst du mit dem Block?" fragte Albert verwundert.

„Verzeih", lachte Daniela. „Ich dachte, ich wäre im Büro."

„Vergiß für heute das Büro!" bat Albert. „Wir feiern Hochzeitsnacht! Schau dich um! Ist es hier nicht romantisch? Blick aus dem Fenster! Dort unten liegt das blaue Meer!"

„Blau ist heuer die Modefarbe! Es gibt nichts Geschmackvolleres als einen blauen Nadelstreifanzug, dazu die modisch gestreifte blaue Krawatte ... "

„Laß das!" Albert war bereits etwas gereizt, aber er beherrschte sich. „Liebst du mich?" fragte er so süß wie Bittersalz.

„Wie kannst du so fragen?" entgegnete Daniela. „Meine Liebe zu dir übertrifft alles, was bisher auf diesem Gebiet an Qualität, Dauerhaftigkeit und Eleganz geboten wurde."

„Wie redest du?" Albert wurde nervös.

„Verzeih", sagte Daniela rasch, „ich dachte, ich wäre im Büro."

„Küsse mich!" Albert streckte die Arme nach ihr aus.

Daniela befühlte den Ärmel seines Schlafrocks. „Baumwolle", meinte sie, „und nicht die beste. Wieviel hast du dafür bezahlt?"

„Achthundert Schilling!" sagte Albert und unterdrückte seine aufsteigende Wut.

„Ha!" Daniela lachte ironisch. „Den hättest du bei uns, bei Huber & Morawetz, um sechshundert bekommen."

Jetzt wurde Albert ungeduldig. „Laß bitte Huber & Morawetz! Du bist meine Frau! Ich wünsche, daß du mich küßt!"

Daniela schloß die Augen.

„So ist es recht!" flüsterte Albert. „Ich liebe Frauen, die beim Küssen die Augen schließen! Das ist Leidenschaft!"

„Das ist nicht Leidenschaft", stellte Daniela fest. „Ich denke bloß nach."

„Über uns?“
„Nein.“
„Worüber sonst?“
„Ich denke nach, wohin ich den Schlüssel von der Portokasse gegeben habe.“
Albert stampfte mit dem Fuß auf. „Das ist doch jetzt wirklich egal“, sagte er wütend.
„Findest du? Elisabeth weiß doch morgen früh nicht, wo sie das Porto für die Briefe hernehmen soll!“ Das Telefon läutete, Daniela wollte drauf zustürzen.
„Laß das!“ fuhr Albert sie an. Er hob den Hörer ab und legte ihn neben den Apparat. Dann wurde er wieder zärtlich. „Heute soll man uns nicht stören“, flüsterte er.
„Verzeih“, stammelte Daniela, „ich dachte, ich wäre im Büro.“
„Komm ins Bett!“
„Noch nicht … warte noch einen Augenblick … “
Albert wurde ungemütlich. „Zum Teufel!“ fluchte er. „Wann und wo wirst du mich endlich küssen?“
„Auf dem Teppich!“
„Auf dem Teppich?!?“
„Auf dem Teppich habe ich den Schlüssel zur Portokasse zum letztenmal gesehen. Er war mir heruntergefallen.“
Albert hielt sich den Kopf. „Hör bitte mit dem Schlüssel auf, sonst werde ich wahnsinnig! Laß uns lieber von der Zukunft reden!“ flötete er gleich darauf wieder weich. „Wir werden uns lieben … werden ein Kind haben … “
„Im Briefkasten!“ jubelte Daniela.
„Im Briefkasten?“
„Im Briefkasten liegt der Schlüssel! Jetzt erinnere ich mich! Elisabeth und ich haben es so besprochen!“
„Laß mich mit dem Schlüssel in Ruh!“ schrie Albert. „Setz dich auf meinen Schoß und küsse mich!“ Er zog sie zu sich.
Daniela nahm seinen Kopf in ihre Hände und drückte einen heißen Kuß auf seine Lippen. Albert erschauerte. Es war der glühendste Kuß, den er je bekommen hatte. Das Zimmer drehte sich um ihn. Er sah sie bewundernd an.
„Ich hätte nie gedacht“, gestand er, „daß du so feurig küssen kannst. Die Küsse, die du mir bisher gegeben hast, waren so ganz anders … “

Daniela schrak zusammen. „Verzeih", sagte sie, „ich dachte, ich wäre im Büro!"

Auch diese Ehe wurde geschieden.

Alberts dritte Frau, Bettina, war Sozialhelferin des Roten Kreuzes. Wieder ging die Hochzeitsreise nach den Bahamas, wieder in dasselbe Hotel, wieder in dieselbe Suite wie die beiden ersten Male. Albert war, wie man sieht, nicht abergläubisch. Die Hochzeitsnacht kam heran. Albert, im Schlafrock und Pyjama, ging ungeduldig auf und ab - Bettina war noch im Badezimmer. Albert sah nach der Uhr.

„Wo bleibst du, Liebling?" fragte er. „Ich warte auf dich!"

Bettina erschien. Sie sah entzückend aus. Sie trug ein rosa Seidenhemd, ihre Augen verrieten Liebe.

„Endlich!" flüsterte Albert.

„Ich war doch pünktlich", verteidigte sie sich. „Ich sagte, eine Viertelstunde - jetzt sind es genau vierzehn Minuten."

„Ich habe dich schon so sehnlichst erwartet!"

„Du kommst mir vor wie der Meier."

„Wer ist der Meier?"

„Ein achtzigjähriger Pensionist, dem ich das Essen auf Rädern bringe."

„Das paßt mir aber gar nicht."

„Was?"

„Daß du einem achtzigjährigen Pensionisten das Essen bringst."

„Ich bringe ihm nicht nur das Essen. Ich mache sein Bett, ich räume sein Zimmer auf, ich stelle ihm den Stuhl zum Fenster … "

„Das wirst du nicht mehr tun, verstehst du?"

„Ach so?" meinte Bettina gereizt. „Soll ich ihn im Schmutz ersticken lassen? Ich wußte nicht, daß du so erbarmungslos gegen alte Leute bist."

„Ich bin nicht erbarmungslos. Ich will nur nicht, daß du zu ihm hingehst. Ich werde ihm eine Aufwartefrau nehmen."

„Das ist nicht dasselbe. Alte Menschen brauchen eine Seele, die sich um sie sorgt, die sie nach ihren Wehwehchen fragt, die ihnen das Gefühl gibt, daß sie nicht allein sind. Ich hatte mir unsere Ehe so schön vorgestellt. Du kommst nach Hause, wir sitzen beim Abendessen, du erzählst von *deinem* Beruf, ich von dem meinen … "

„Das fehlte mir noch“, brauste Albert auf, „daß du mir während des Abendessens von den Wehwehchen des alten Meier erzählst!“

„Sei doch nicht gleich so nervös“, beruhigte ihn Bettina. „Du weißt nicht, was es heißt, einsam zu sein. Du hast deine Familie.“

„Familie“, meinte Albert geringschätzig. „Wen habe ich schon? Zwei Kusinen, eine Tante und Onkel Emilio.“

„Onkel Emilio? Den kenne ich doch gar nicht?“

„Er war nicht bei unserer Hochzeit. Er lebt in Italien. Stinkreich. Er hat einen Palazzo in Venedig, ein Haus in Rom, eine Villa in Alassio - die Schweizer Banken sind voll mit seinem Geld, ebenso die amerikanischen ... “

„Und seine Frau?“

„Er war nie verheiratet.“

„Der Ärmste.“

„Warum?“

„Weil er allein ist.“

„Onkel Emilio? Der führt ein Leben wie ein Playboy! Partys, Nachtlokale, Spielcasinos ... “

„Und doch ist er einsam.“

„Du irrst dich! Onkel Emilio hat auf jedem Finger mindestens zehn Freundinnen.“

„Wie alt ist er?“

„Siebzig.“

„Da hast du es. Ich sagte doch, daß er arm ist. Ein Siebzigjähriger braucht seine Ruhe.“

„Wollen wir nicht endlich von mir sprechen?“

„Nein, bitte. Erzähle mir mehr von ihm.“

Und Albert erzählte. Von Onkel Emilios Bildersammlung, der drittwertvollsten der ganzen Welt, von dem Rolls Royce, den er fährt, von seiner Ranch in Argentinien, von seiner Jacht im Mittelmeer, von seiner weltweiten Restaurantkette, von seinen Hotels in Las Vegas und Acapulco ...

Auch diese Ehe wurde geschieden - diesmal auf Verlangen der Frau. Bettina ging hin und heiratete Onkel Emilio.

Geld kann ein Fluch sein, aber es gibt immer jemanden, der bereit ist, diesen Fluch auf sich zu nehmen.

Hinaufschwimmschule

Wir leben in einer sportlichen Zeit. Den Wunsch, schneller vorwärtszukommen, haben nicht nur Ski- und Rekordläufer, nicht nur Motorradrenn- und Formel-I-Fahrer, sondern auch Schwimmer. Wir alle haben ihn. Jeder von uns möchte unter den ersten sein. Wie man das erreicht, erlernt man sportlich spielend in der Hinaufschwimmschule.

Im Laufe der langen Weltgeschichte ist schon vieles hinuntergeschwommen. Menschen und Völker, hochedle Herrscherhäuser, tausendjährige Reiche und dekadent gewordene Hochkulturen; man behauptet sogar, auch wir wären im Hinunterschwimmen, was unsere Sitten und unsere Moral anbelangt, und so ist es ein Wunder, daß noch niemand an eine Schule des Hinaufschwimmens gedacht hat. Noch niemand? Doch. Herr Opportuner, ein gelernter Konjunkturist, kam auf die glorreiche Idee, ein solches Institut zu gründen.

Die Regierung, die selber das Hinunterschwimmen wie die Pest fürchtete, unterstützte das Projekt vom Start weg. Herr Opportuner schwamm in Seligkeit und Subventionen. Bald wurde die Hinaufschwimmschule - umweltfreundlich und bürgernah - nach modernster Betonklotztechnik errichtet, und noch ehe die ersten Bestechungen der zum Zuge gekommenen Baufirmen aufflogen, war die Schwimmkanzlei voller Anmeldungen. Gestrandete Existenzen, hinuntergeschwommene Politiker und Geschäftsleute, abgetakelte Künstler und Supersportler - alle wollten das Hinaufschwimmen erlernen. Die Eröffnung der Schule wurde zu einem Protz- und Prunkereignis, bei dem alles, was so in der High-Society herumschwamm, auftauchte.

Opportuner persönlich erteilte die erste Unterrichtsstunde. Er erschien in einer kurzen Schwimmhose, über die wir später berichten werden, stellte sich breitbeinig vor seinen Schülern auf, stemmte seine großen, bestechungsfreudigen Hände in die mit Schecks auf Briefkastenfirmen in Liechtenstein gepolsterten Hüften, wobei er seine egogewaltigen Ellenbogen vordrückte, und sprach:

„Meine Damen und Herren! Meine Schule ist keine menschliche, antiautoritäre Schule mit Chancengleichheit für alle Schüler, wie sie heute so gern propagiert wird, sondern eine Schule, in der Sie etwas lernen können - eben das Hinaufschwimmen. Dazu gehört Zucht, Ordnung und Disziplin - wer die nicht besitzt, wird sich nicht lange über Wasser halten können.

Stellen Sie sich bitte in einer geraden Linie auf, ich werde Ihnen beibringen, wie Sie auf die schiefe Ebene kommen, ohne die Achtung und Anerkennung Ihrer Mitbürger zu verlieren.

Das Wichtigste beim Schwimmen, meine Damen und Herren, ist die Atemtechnik - zum Hinaufschwimmen genügt diese aber nicht. Zum Hinaufschwimmen benötigen Sie die Selbstbewußtseinsatemtechnik, das heißt, daß Sie beim Einatmen den Brustkorb mit Selbstsicherheit und Machtgefühl füllen müssen. Das sieht so aus." Er atmete ein, wobei die Schüler, angezogen durch den mächtigen Luftzug, nach vorne geschleudert wurden. „So!" setzte er fort. „Sie brauchen dabei nicht zu zählen, es genügt, wenn Sie im Geist den ersten Absatz des Antikorruptionsgesetzes memorieren, das Sie kennen sollen, aber um Gottes willen nicht befolgen dürfen.

Jetzt kommt das Ausatmen. Beim Ausatmen müssen Sie alle, die Ihnen im Wege stehen, wegblasen wie die Flaumfedern. Dazu brauchen Sie zwanzig Prozent Luft, zwanzig Prozent Rücksichtslosigkeit, zwanzig Prozent Unanständigkeit und vierzig Prozent Amoralität." Er atmete aus, die Schüler flogen weg und klatschten gegen die Glaswand. „Gut", sprach Herr Opportuner weiter, „und jetzt bleiben Sie nicht kleben, sonst kommen Sie nie zu Ihrem Erfolg.

Wir kommen nun zur Arm- und Beintechnik des Hinaufschwimmens. Die Arme werden kräftig nach vorne gestoßen, den Kopf tauchen Sie anfangs tief in das Wasser, Ihr Vorgesetzter sieht es nicht gern, wenn Sie mehr Köpfchen haben als er. Erst wenn Sie die Arme zurückstrecken, dürfen Sie mit dem Kopf wieder auftauchen. Ducken Sie sich in Ihr Fahrwasser und stoßen Sie sich kräftig nach vorn. Wichtig dabei ist eine gewisse Ellenbogentechnik mit den Armen sowie eine profunde Strampeltechnik mit den Beinen. Stoßen Sie mit den Ellenbogen nach rechts und links und mit den Beinen nach allen Schwimmern, die Ihnen nachfolgen wollen, aber lassen Sie sich das nicht anmerken. Beobachten Sie, wie es die Enten machen: Oben verhalten sie sich ruhig und unter Wasser strampeln sie."

Opportuner zeigt es vor. Er legte sich in Brustschwimmerstellung auf einen Hocker, und als er seine Arme mit den mächtigen Ellenbogen zurückdrückte und seine Beine mit den elastischen Strampelmuskeln ausschlugen, sauste er mit seinem Hocker gleich einige Meter nach vorne. Einige seiner Assistenten, die sich zu seinen beiden Seiten sowie hinter ihm placiert hatten, wurden vom Platz getragen. Den Schülern verschlug es den Atem. „Sie haben es gesehen", sagte Opportuner stolz. „Mit dieser Technik lassen Sie jeden Konkurrenten hinter sich. Nun kommen die Feinheiten und Richtlinien. Zum Hinaufschwimmen brauchen Sie einen breiten Rücken. Ist Ihnen ein solcher nicht von Natur aus gegeben, trainieren Sie täglich einige Stunden. Legen Sie sich zu diesem Zweck auf den noch zu schmalen Rücken, und belasten Sie Ihre Brust mit gegen Sie gerichteten Vorwürfen, Anschuldigungen und Kritiken. Erst wenn diese Ihnen nichts mehr ausmachen, ist Ihr Rücken breit genug. Ist es soweit, pflegen Sie Ihren erfolgsschlüpfrigen Charakter. Je steiler es nach oben geht, um so mehr muß ein tüchtiger Hinaufschwimmer imstande sein, unnötigen Ballast, wie moralische Grundsätze, Bedenken und Skrupel abzuwerfen. Schwanken Sie nicht, sonst gehen Sie unter.

Je höher Sie hinaufschwimmen, meine Damen und Herren, desto mehr Fäden werden Sie in die Hände bekommen, desto mehr werden Sie die Finger überall drinnen haben müssen. Ein guter Hinaufschwimmer sucht sich vom Start weg die Bahn aus, die am kürzesten nach oben führt. Er muß durch alle Wasser schwimmen können, auch durch die schmutzigsten, muß aber rein und sauber heraussteigen. Schwimmen Sie immer nach oben, aber nie gegen den Strom. Und noch etwas: Teilen Sie das Wasser. Teilen Sie überhaupt. Es ist besser, mit sechzig Prozent ans Ziel zu kommen, als mit hundert Prozent in Untersuchungshaft. Und tauchen Sie. Besonders talentierte Hinaufschwimmer können spurlos untertauchen und hoch oben wieder erscheinen. Ein Ratschlag für die männlichen Schüler: Sollten Sie der Meinung sein, Ihr Ziel nur mit Hilfe einer Frau erreichen zu können, wenden Sie die Technik des Brustkraulens an." Opportuner machte eine kurze Pause.

„Das war die theoretische Einführung", setzte er dann fort, „nun kommen wir zur Ausrüstung." Er ließ sich von einem Assistenten eine prallgefüllte, riesige Badetasche reichen.

„Beginnen wir mit der Badehaube." Er zog eine knallige Badehaube aus der Tasche und hob sie hoch. „Mit einer solchen Haube stechen Sie sofort aus jeder Masse heraus - ja, man kann Sie gar nicht mehr übersehen. Außerdem besitzt diese Haube noch zwei Vorteile: erstens verdeckt Sie die Butter, die Sie hoffentlich bald auf dem Kopf haben werden - zweitens ist sie aus einem solchen superelastischen Material gearbeitet, daß sie sich auch dem größten Großkopf problemlos anpassen kann. Nun zur Schwimmbrille." Er holte eine exzentrisch geformte Brille mit rosaroten Gläsern aus der Badetasche. „Mit dieser Brille verlieren Sie Ihr Ziel nie aus den Augen - Sie durchschauen jeden Gesprächspartner, überblicken jede Situation - und Sie können noch so viele Wellen schlagen, der klare Blick bleibt Ihnen erhalten."

Er legte die Brille weg und nahm eine Schwimmhose aus der Tasche. „Zum Schwimmen, meine Damen und Herren, gehört eine Schwimmhose - zum Hinaufschwimmen aber eine ganz besondere: eine Protektionsschwimmhose, Modell ‚Freunderl'. Hier sehen Sie ein Exemplar dieser besonders empfehlenswerten Marke. Sie schillert in allen politischen Farben - von braun und blau bis schwarz und rot - verdeckt elegant alle Blößen und ist aus einem Material, welches auch ein längeres Nach- und Anschieben fleckenlos übersteht. Die Sitzfläche ist mit einem neuartigen Klebestoff imprägniert, der erst zutage tritt, wenn Sie auf einem Ministersessel Platz genommen haben und diesen nicht mehr verlassen wollen."

Opportuner legte die Schwimmhose weg und fischte ein Paar weiße Badeschuhe aus der Tasche. „Ein strebsamer Hinaufschwimmer wird immer feste Badeschuhe tragen. Mit diesen Hinaufschwimmschuhen können Sie jeden Rivalen aus der Bahn treten, Sie können damit durch Schlamm waten, ohne Ihre Füße schmutzig zu machen, Sie können leisetreten oder scharf aufstampfen - mit diesen Schuhen werden Sie sich keinen Span einziehen und auf keinem wie immer gearteten Skandalboden Spuren hinterlassen. Außerdem sind sie so eng gearbeitet, daß man Ihnen nichts in die Schuhe schieben kann." Er legte die Schuhe weg und nahm einen Bademantel aus der Tasche.

„Dieser Mantel", erklärte er, „den jeder Hinaufschwimmer haben soll, betont Ihre Figur - und was sein Geheimnis ist, Sie können darin nur eine *gute* Figur machen. Er steigert Ihr Auftreten als charmanter Causeur und verdeckt alle Unsicherheiten. Hier - betrachten Sie die tiefen Taschen. Hier haben nicht nur mehrere Parteibücher Platz, hier können Sie auch den Groll gegen Ihre Vorgesetzten unterbringen, der Ihnen im Hinaufschwimmen hinderlich sein kann. Die breiten Innentaschen sind zur Verwahrung Ihrer unsauberen Sachen angebracht. Der Mantel schützt Sie vor jeder Enthüllung."

Er schleuderte ihn zur Seite.

„Wichtig für den Hinaufschwimmer, meine Damen und Herren, sind Schmieröle und Fette, zur Pflege einer aalglatten Haut. Es gibt eine Menge solcher Produkte auf dem Markt - hier sehen Sie das beste." Er hob einen kleinen unauffälligen Tiegel in die Höhe. „Dieses Schmieröl - Marke ‚Korrumpin' - ist vollkommen geruchlos, großzügig aufgetragen - besonders die Handflächen gut eingerieben - erzeugt es eine Gleitfähigkeit, die es Ihnen gestattet, überall durchzukommen. Auch durch die schwierigsten Verhöre. Leider sind diese Schmieröle sehr, sehr teuer, aber Sie kennen ja das alte Sprichwort: ‚Wer gut schmiert, schwimmt gut.'"

Damit war Herr Opportuner am Ende seiner theoretischen Einführungen. Am nächsten Tag begann der praktische Unterricht. Um es gleich vorwegzunehmen: Alle Schwimmer erreichten das Lehrziel. Die Schule des Hinaufschwimmens wurde die beste des ganzen Landes - ihr Niveau stieg ständig (im Gegensatz zu anderen Schulen) - ihre Abgänge erschwammen Weltspitzenpositionen - ihr Ruhm verbreitete sich zusehends, er drang sogar bis zu den höchsten Stellen der Regierung. Dort vermerkte man dies mit größter Genugtuung. Man gedachte sofort - zur Ehre der Schule natürlich - sie in die neuen Schulreformpläne einzubauen.

Sollte dies geschehen, wird die tüchtige Schule des Hinaufschwimmens genauso hinunterschwimmen wie vieles in der Welt, das man ständig verbessern möchte.

Geiz ist aller Laster Anfang

Der Geizhals sagt: „Für meine Frau ist nichts gut genug" – und das ist es auch, was er ihr gibt. Nichts. Machen Sie es nicht auch so. Sparen Sie für trübe Tage und nicht für trübe Jahrhunderte. Hinterlassen Sie kein allzu großes Vermögen. Sie bewahren Ihre Erben, die nicht wissen würden, wie sie es ausgeben sollen, vor großen Sorgen. Ich bin sicherlich kein Verschwender, aber ich behaupte: Geiz ist aller Laster Anfang.

Man sagt von meinem Schwager, daß er geizig sei. Das stimmt nicht. Walter Goldmann ist nicht einmal sparsam. Warum er so ungern Geld ausgibt, kann ich Ihnen verraten. Er ist Linkshänder und trägt seine Brieftasche auf der rechten Seite. Zugegeben, er hat punkto Geld seine Eigenheiten. Es gibt Menschen, die jeden Schilling umdrehen, bevor sie ihn ausgeben, Goldmann dreht ihn um und steckt ihn wieder ein. Er ist seltsam: Trägt er ein Paar neue Schuhe, macht er große Schritte, damit er die Sohlen schont – hat sein Sohn Ladi, 6, Verdauungsschwierigkeiten, kauft er ihm kein Abführmittel, sondern erzählt ihm Gruselgeschichten – und bekommt seine Frau Hermine im Oktober Magenschmerzen, führt er sie im Januar zum Arzt, weil er glaubt, daß es nach Weihnachten billiger ist. Hermine weiß ein Lied von seinem Geiz zu singen, und weil sie keine Stimme hat, ist es ein garstig Lied. Aber Ehefrauen übertreiben immer, wenn es um ihre Männer geht. Ich wiederhole: Goldmann ist nicht geizig, er hat bloß seine Eigenheiten.

Vor ungefähr vierzehn Tagen ereignete sich etwas für ihn Schreckliches. Papanek, sein bester Kunde, verheiratete seine Tochter und lud Hermine und ihn zur Hochzeit ein.

„Wir müssen natürlich ein Geschenk bringen", meinte Hermine.

„Du bist verrückt", regte Walter sich auf. „Papanek gehört zu den vermögendsten Männern meiner Branche. Er würde sich beleidigen, wenn wir seiner Tochter etwas schenkten. Es würde aussehen, als ob er als Vater sich das nicht leisten könnte."

„Mach keine Ausflüchte, wir müssen etwas kaufen. Es muß ja nichts Teueres sein. Ich denke zum Beispiel an einen Servierwagen."

„Servierwagen? Wozu brauchen junge Leute einen Servierwagen? Hatten *wir* einen Servierwagen, als wir heirateten?"

„Dann vielleicht eine Lampe?"

„Unsinn. Junge Leute brauchen keine Lampe. Bei Tag ist es hell, und bei Nacht machen sie sowieso finster."

„Dann vielleicht ein großes Lexikon für den Bücherschrank? Es gibt jetzt ein neues, zwölfbändiges. Der erste Band, Buchstabe A bis D, liegt bereits auf, die anderen Bände erscheinen monatlich. Wir könnten Ihnen ein Jahr hindurch jeden Monat einen Band schicken."

„Das ist kein Geschenk. Wenn bloß der Band A bis D erschienen ist, können sie nachschauen, was ein Apfel ist - wenn sie wissen wollen, was ‚Zipfel' heißt, müssen sie zwölf Monate warten."

„Ich hab's! Eine Porzellanfigur!"

„Willst du mich ruinieren?"

„Es gibt welche, die gar nicht so teuer sind. Morgen werden wir uns einige ansehen."

Am nächsten Tag sahen sie sich einige an. Da gab es verschiedene. Da gab es Meißner Porzellan, Rosenthal Porzellan, Augarten Porzellan, da gab es Biedermeierpaare, Ballerinen, Pierrots, da gab es Mozart-, Schubert- und Johann-Strauß-Figuren, da gab es Rosenkavaliere, da gab es Löwen, Hirsche, Hunde Pferde usw. usw. Sie wanderten von Geschäft zu Geschäft - Goldmann war alles zu teuer.

„Das ist der letzte Laden, den ich betrete", zischte Hermine, als sie wieder vor einem Porzellanwarengeschäft standen, „wenn du dich hier nicht entscheidest, kannst du allein weitersuchen." Sie traten ein. Es gab eine große Auswahl an Figuren, und - was das Wichtigste war - sie waren billiger als alle, die sie bisher gesehen hatten. Trotzdem - Goldmann fand sie zu teuer. Der Verkäufer hatte bereits den ganzen Ladentisch vollgeräumt.

„Moment", sagte er schließlich, „ich glaube, ich habe etwas für Sie. Einen Gelegenheitskauf."

Er brachte ein besonders schönes Stück, einen Reiter der Spanischen Hofreitschule - leider mit kleinen Schäden.

„Den kannst du nicht nehmen", meinte Hermine.

„Warum nicht? Weil er keine Nase hat? Das sieht man nicht."

„Da hat der Herr Gemahl recht", sagte der Verkäufer, der die beiden lossein wollte.

„Und daß das Pferd nur ein Ohr hat?" fragte Hermine.

„Und daß der Zweispitz ein Einspitz ist? Das sieht man auch nicht? Papaneks werden sagen, daß du ein Schmutzian bist."

„Da hat die gnädige *Frau* recht", sagte der Verkäufer und sah nach der Uhr.

Goldmann wand sich wie ein Wurm. „Was kostet die Figur?" erkundigte er sich.

„Ich könnte sie Ihnen für tausend Schilling geben."

„Tausend Schilling?" Goldmann war entsetzt. „Ich will die Figur kaufen und nicht das Geschäft."

Der Verkäufer lächelte süßsauer. „Tausend Schilling sind doch heute kein Geld", fand er.

„Kein Geld?" höhnte Walter. „Wissen Sie, wieviel ich umsetzen muß, damit mir ein Gewinn von tausend Schilling bleibt? Mindestens fünftausend! Da ist die Einkommensteuer, die Mehrwertsteuer, da sind die Sozialabgaben, die Gehälter, da sind die Urlaube, da ist das Licht, die Beheizung, die Miete - außerdem, warum muß es so eine große Figur sein? Ich sehe da einen entzückenden kleinen Aschenbecher ..."

„Den können Sie auch haben. Der kostet nur zweihundert Schilling."

Hermine verlor die Geduld. „Du nimmst eine Figur!" schrie sie. „Und zwar nicht die mit den Schäden - du nimmst diese!" Sie zeigte auf einen Rosenkavalier. „Was kostet die?"

„Viertausend Schilling."

„Bist du wahnsinnig geworden?" schrie Goldmann.

„Du nimmst diese Figur!" schrie Hermine.

„Ich nehme sie nicht!" schrie Goldmann.

„Wir werden uns blamieren!" schrie Hermine.

„Das ist mir egal!" schrie Goldmann.

Hermine zwang sich zur Ruhe. „Wir nehmen die Figur", sagte sie zu dem Verkäufer.

„*Ich* nehme sie *nicht!*" erklärte Goldmann bestimmt.

„Dann nehme *ich* sie!" triumphierte Hermine.

„Dann wirst du sie auch bezahlen!“ triumphierte Goldmann.
„Bezahlen wirst *du* sie!“
„Du!“
„Du!“
„Du!“
„Du!“
Hermine konnte nicht länger an sich halten. „Jetzt werde ich dir etwas sagen, du Knicker!“ tobte sie. „Nicht genug, daß du mir fast kein Wirtschaftsgeld gibst - nicht genug, daß ich nicht einmal eine Haushaltshilfe habe - nicht genug, daß ich seit drei Jahren denselben Mantel trage - willst du uns auch noch vor unseren Bekannten bloßstellen? Das wird dir nicht gelingen! Nicht mit mir, mein Lieber, nicht mit mir!“
„Entschuldigen gnädige Frau“, fragte der Verkäufer höflich. „Wünschen gnädige Frau, daß ich die Figur einpacke, oder wollen Sie sie dem Herrn Gemahl gleich hier an den Kopf werfen?“

Ein Ehemann kann einen Streit mit seiner Frau nicht gewinnen - er kann ihn nur abbrechen, indem er den Mund hält. Der Rosenkavalier wurde gekauft.

Das junge Ehepaar, Heinz und Margrit, dankte herzlichst dafür und stellte ihn auf den Musikschrank. Beim ersten Streit packte ihn Margrit und schmetterte ihn gegen die Wand. Der Rosenkavalier brach in tausend Stücke. Der Reiter mit den kleinen Schäden wäre gut genug gewesen.

Festspiele

Die Welt ist eine komische Kugel und das Lustigste drauf sind wir Menschen. Ob Diebstähle oder Einbrüche, Banküberfälle oder Rauschgiftdelikte, Bombenlegungen oder Geiselnahmen - wir verschließen unsere Augen und machen in Kultur. Und trotz der verlockendsten Freizeitangebote - wie Gelbsucht in Tunesien, Baden in der verschmutzten Adria, Sprengstoffattentate an der Costa del Sol - bleibt dem Reisenden in Kunst noch immer Zeit für den Festspielbetrieb, wenn er es oft auch schwer hat, rechtzeitig von Salzburg nach Edinburgh, von Edinburgh nach Bregenz, von Bregenz nach Verona und von Verona nach Wunsiedel zu kommen. Egal! Er besiegt alle Schwierigkeiten, er kennt nur ein *Ziel, das sind die Festspiele.*

Erinnern Sie sich, liebe Leser, an die Herren Rott und Jorisch? Wenn Sie wirklich liebe Leser sind, lesen Sie meine Bücher, und dann müssen Sie sich an sie erinnern. Wir trafen sie bisher in allen meinen Bänden, und zwar immer in ihrem Wiener Stammkaffeehaus. Heute sind wir gezwungen, den Schauplatz zu wechseln. Es ist Sommer und die beiden befinden sich in ihrem seit Jahren von ihnen heimgesuchten Ferienort Stinkenbrunn. Ein Ferienort, von dem sie jedes Jahr im September schwören, nie wieder hinzufahren und in dem man sie jedes Jahr im Mai unter den ersten Gästen begrüßen kann. Auch hier können sie das Kaffeehaus nicht missen. Es ist zwar nur ein Espresso, welches Herrn Stangl, dem Inhaber der Pension, gehört, in der die beiden mit ihren Frauen wohnen, aber es ist besser als nichts. Rott und Jorisch sitzen also im Garten dieses Espressos und nehmen ihr Frühstück ein.

Rott: (schreit außer sich)
Herr Stangl! Herr Stangl!

Stangl: (kommt aus der Küche)
Ja?

Rott: Was ist das für ein Frühstück? Im Kaffee schwimmt eine Fliege herum, auf der Butter kriechen Ameisen -?

Stangl: Na und? Sie regen sich auf, und der Herr Jorisch sitzt da und redet kein Wort.

Rott: Der Herr Jorisch *kann* nicht reden - dem ist eine Wespe in den Mund geflogen! Tragen Sie den Kaffee weg und bringen Sie einen andern!

Stangl: Alles für den Pensionspreis? Das ist ein Geschäft! (Er trägt den Kaffee in die Küche zurück)

Rott: So ein elendes Nest! Und dieses Wetter! Meiner Frau war gestern so kalt, daß ihr die Gänsehaut die Strumpfhose kaputtgemacht hat!

Jorisch: Aber die Luft!

Rott: Luft!

Jorisch: Über die Luft können Sie nichts sagen - die ist auf alle Fälle besser als in Wien. Das ist ja auch selbstverständlich. Bedenken Sie, wieviel Luft man in Wien braucht, allein um die Autoreifen zu füllen.

Rott: Fangen Sie schon wieder an?! Ich habe so etwas Dummes wie Sie noch nicht gesehen!

Jorisch: Vielleicht kommen Sie zu wenig herum. Die Luft --

Rott: (unterbricht ihn)
Was habe ich von der Luft, wenn es dauernd regnet! Und diese Langeweile! Gestern war zu allem Unglück noch der Fernsehapparat kaputt!

Jorisch: Das hat mir nichts ausgemacht. Meine Frau und ich haben uns sehr gut amüsiert.

Rott: Was haben Sie gemacht?

Jorisch: Wir sind in das Hotel „Roter Adler" gegangen und haben den Amerikanern essen zugehört.

Rott: Sie sind ein Genußspecht. Für so etwas bezahle ich doch nicht einen Schilling pro Tag Kurtaxe! Überhaupt der Nepp in diesem Land! Ich sage Ihnen, am dümmsten sind die Räuber, die einen Touristen überfallen, der aus Österreich kommt. Meine Tochter zeltet an der Riviera - dort ist jeden Tag etwas los. Tanz, Folklore ...

Jorisch: Was ist das - Folklore?

Rott: Das wissen Sie auch nicht?

Jorisch: Nein.

Rott: Das gibt es nicht.

Jorisch: Doch, Herr Rott, das gibt es.

Rott: Folklore ist das, was die Einheimischen sich vorstellen, was die Fremden sich vorstellen, was die Einheimischen tun.

Jorisch: Jetzt weiß ich es.

Rott: Aber hier? Das ist doch trostlos. Dabei wüßte ich, wie man diesen Ort beleben und dabei ein Vermögen machen könnte.

Jorisch: (sehr interessiert)
Wie? Wie?

Rott: Ich weiß nicht, ob ich es Ihnen sagen soll ...

Jorisch: (bittend)
Sagen Sie es mir, Herr Rott! Bitte, bitte! Wie?

Rott: (sieht Herrn Stangl kommen)
Moment.

Stangl: (bringt den Kaffee, stellt ihn vor Rott hin)
Da ist der Kaffee.

Rott: Da ist doch schon wieder eine Fliege drin!

Stangl: Das ist keine Fliege - das ist ein Schmetterling! (geht zur Küche zurück, brummt) Hat keine Ahnung von Naturgeschichte, aber das Maul reißt er auf! (verschwindet)

Jorisch: (ungeduldig)
Sagen Sie jetzt, Herr Rott! Wie könnte man hier ein Vermögen machen? Wie? Wie?

Rott: (gereizt)
Wie, wie! Sie wissen doch, daß jedes Jahr aus der ganzen Welt Fremde zu uns kommen. Aus Amerika, aus Australien, aus Neuseeland --

Jorisch: Aus Liechtenstein.

Rott: Wie kommen Sie auf Liechtenstein?

Jorisch: Weil das ein sehr schönes Land sein muß - und sehr groß.

Rott: Liechtenstein ist doch nicht groß ...

Jorisch: Na hören Sie? Von ganz Europa haben die Leute ihre Firmen in Liechtenstein.

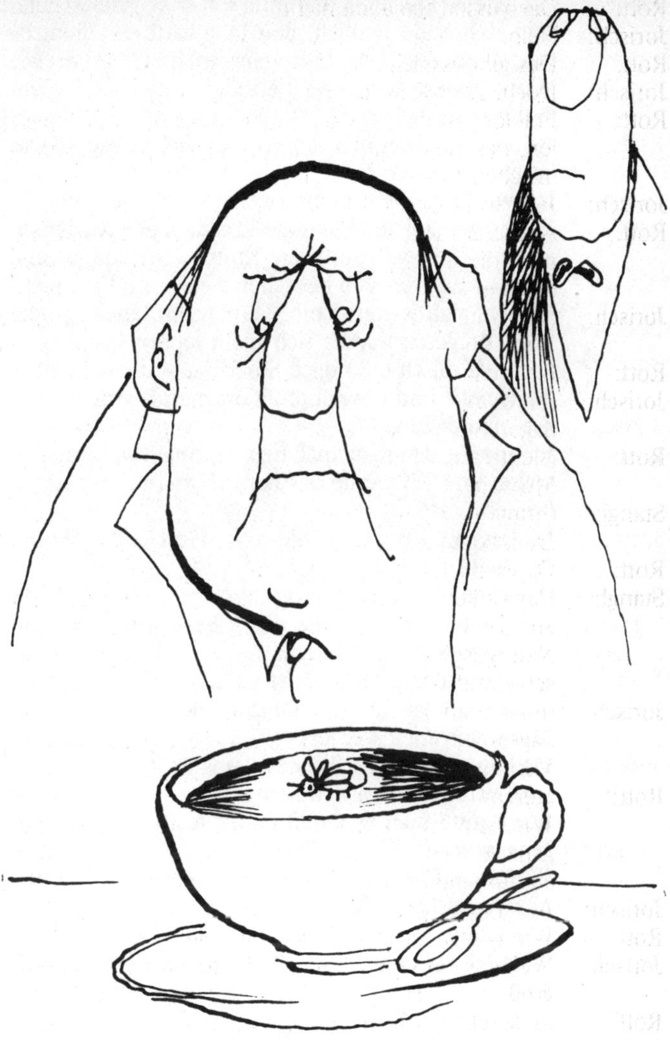

Rott: Das sind doch nur Briefkastenfirmen.

Jorisch: Trotzdem. Liechtenstein muß ein sehr großes Land sein. Ich habe neulich eine Landkarte gesehen, da war überhaupt nur Liechtenstein drauf. Aber wie könnte man hier ein Vermögen machen? Wie? Wie?

Rott: Hören Sie schon auf, immer „wie, wie" zu sagen! Das macht mich nervös!

Jorisch: Ich werde es nicht mehr sagen. Also? Wie? Wie?

Rott: Passen Sie auf: Es kommen immer mehr Ausländer zu uns - alle wollen unsere Kultur genießen, unsere Kunst - und deshalb besuchen sie unsere Festspiele. Wer es sich leisten kann, fährt nach Salzburg oder nach Bregenz, wer es sich nicht leisten kann, fährt nach Mörbisch oder nach Stockerau - überall gibt es Festspiele, und überall profitiert man davon.

Jorisch: Sie meinen also -?

Rott: Ich meine, daß man auch hier Festspiele veranstalten sollte, und ich werde das dem Bürgermeister unterbreiten.

Jorisch: Interessant. Würden Sie das Geschäft mit mir machen?

Rott: Eventuell.

Jorisch: Ich finde die Idee herrlich. Festspiele sind ein gefahrloses Unternehmen.

Rott: Also so ganz gefahrlos ist es nicht. Wer sagt uns denn, daß die Leute zu Festspielen nach Stinkenbrunn kommen werden.

Jorisch: Da haben Sie recht. Wer sagt uns das? Was machen wir, wenn sie *nicht* kommen?

Rott: Dann muß man es durch Public relations machen.

Jorisch: Was ist das?

Rott: Werbung. Man muß den Leuten einreden, wie schön unsere Festspiele sind.

Jorisch: Da haben Sie recht. Man muß es ihnen einreden. Wenn wir es durch das Dings machen - durch das, was Sie gesagt haben - dann ist die Sache geritzt.

Rott: (ärgerlich)
Geritzt! Glauben Sie, daß man den Leuten alles einreden *kann?* Sie werden es uns nicht glauben.

Jorisch: Da haben Sie recht. Sie werden es uns nicht glauben. Ich sehe schon, mit den Festspielen ist es nichts.

Rott: Warum nicht? Man muß sie nur überzeugen. Wenn sie nicht freiwillig kommen, muß man sie mit Autobussen herbringen.

Jorisch: Da haben Sie recht. Mit Autobussen herbringen. Ich sehe schon, wir sind aus dem Wasser.

Rott: Aus dem Wasser sind wir *nicht*. Was ist, wenn sie sich nicht herbringen *lassen?* Wenn sie nicht einsteigen in die Autobusse?

Jorisch: Da haben Sie recht. Wenn sie nicht einsteigen, sind wir geliefert.

Rott: Unsinn. Wenn sie nicht einsteigen, werden wir sie durch Mundpropaganda überzeugen. Wir laden Schulen ein, Betriebe, das Bundesheer - alle auf Freikarten.

Jorisch: Da haben Sie recht. Alle auf Freikarten. Aber Freikarten? Was haben wir dann davon?

Rott: Die Buffeteinnahmen. Wir machen ein Riesenbuffet mit Schinkenbroten, Käsebroten --

Jorisch: Salamibroten --

Rott: Salamibroten, Bier, Wein, Kaffee, Coca-Cola! Das Festspielgelände muß doch mindestens viertausend Personen fassen! Wissen Sie, wieviel viertausend Personen verzehren?

Jorisch: Da haben Sie recht. Viertausend Personen verzehren sehr viel. Ich sehe, es ist alles okay.

Rott: (gereizt)
Okay! Wer wird uns das Geld dazu geben? Haben Sie jemand?

Jorisch: Nein. Haben *Sie* kein Geld hinter sich?

Rott: Nur wenn ich mich an die Nationalbank anlehne. Das kostet doch ein Vermögen! Der Baugrund, die Bühne, die Sitzplätze, die elektrischen Anlagen.

Jorisch: Die Glocke, damit man weiß, wann es beginnt.

Rott: Das ist das wenigste! Aber die Kostüme, die Dekorationen, die Vorhänge! Das Unterrichtsministerium würde uns ja eine Subvention von hundert Millionen geben, aber das ist zu wenig.

Jorisch: (fassungslos)

Hundert Millionen sind Ihnen zu wenig? Ich kenne Sie noch aus der Zeit, wo Sie bei Berger & Knoll für viertausend Schilling im Monat gearbeitet haben.

Rott: Das war etwas anderes. Für Festspiele sind hundert Millionen zu wenig.

Jorisch: Dann können wir die Festspiele nicht machen.

Rott: Wenn man so dumm ist wie Sie. Hundert Millionen gibt uns das Unterrichtsministerium, fünfzig Millionen das Land, fünf Millionen die Gemeinde --

Jorisch: Na also! Dann ist es doch in Ordnung.

Rott: In Ordnung? Wir machen doch Freilichtspiele! Was ist, wenn wir einen verregneten Sommer haben?

Jorisch: Da haben Sie recht. Wenn wir einen verregneten Sommer haben, sind wir ruiniert.

Rott: Das muß nicht sein. Wir können ja eine Regenversicherung abschließen. Wenn es regnet und die Vorstellung ausfällt, muß die Versicherung den Schaden ersetzen.

Jorisch: Da haben Sie recht. Wenn es regnet, muß sie uns den Schaden ersetzen.

Rott: Muß sie! Das ist leicht gesagt. Das kostet doch wieder Geld und soviel haben wir nicht.

Jorisch: Da haben Sie recht. Daran wird es scheitern.

Rott: Scheitern wird es nicht. Wir gehen ganz einfach zu einem Kreditinstitut.

Jorisch: Da haben Sie recht. Wir gehen zu einem Kreditinstitut, sagen, wieviel wir brauchen --

Rott: Und das Kreditinstitut wird eine Garantie von uns verlangen.

Jorisch: Da haben Sie recht. Wir müssen die Idee fallenlassen.

Rott: Das schaut Ihnen ähnlich. Bei der geringsten Schwierigkeit geben Sie auf! Wir werden die Garantie stellen. Wir beteiligen unsere Geldleute mit fünfzig Prozent an der Einnahme. Wenn am Abend nichts in der Kasse ist, bekommen unsere Geldleute davon fünfzig Prozent.

Jorisch: Da können sie doch zufrieden sein. Außerdem, wenn nichts in der Kasse ist, bezahlt doch die Regenversicherung.

Rott: (stöhnt)
Die bezahlt doch nur, wenn es regnet!

Jorisch: Da haben Sie recht. Aber bei Ihrem Vorschlag – fünfzig Prozent für die Geldleute – da steht doch den Festspielen nichts mehr im Wege.

Rott: Bis auf eines. Wo kriegen wir ein Stück her?

Jorisch: Da haben Sie recht. Wo kriegen wir ein Stück?

Rott: (wütend)
Im Supermarkt an der Ecke!

Jorisch: Dann ist es gut – dort habe ich einen Bekannten.

Rott: Was Sie für einen Blödsinn zusammenreden! Ich habe die Lösung. Wir spielen „Vor Sonnenuntergang".

Jorisch: Wird das nicht zu früh sein?

Rott: (redet sich immer mehr in Wut)
Das Stück heißt „Vor Sonnenuntergang"! Von Hauptmann!

Jorisch: Ein Militärstück?

Rott: Kein Militärstück! Ein Drama von Gerhart Hauptmann! Kennen Sie ihn nicht?

Jorisch: Nein. Hat er gesagt, daß er mich kennt?

Rott: Nein!!!

Jorisch: Wie soll *ich* ihn dann kennen?

Rott: Sie sollen ihn nicht kennen!! Der Gerhart Hauptmann ist ein Dichter!

Jorisch: Ach so? Was ist von ihm?

Rott: (verzweifelt)
Was ist von ihm! Ein Mensch lebt im zwanzigsten Jahrhundert und weiß nicht, was von Hauptmann ist! Von Hauptmann ist ... (stottert herum) ... von Hauptmann ist ... von Hauptmann sind viele Stücke ... von Hauptmann ist zum Beispiel ... (schreit) ... seine sämtlichen Werke sind von ihm! Außerdem habe ich es mir überlegt. Wir spielen ein Musical.

Jorisch: Da haben Sie recht. Spielen wir ein Musical!

Rott: (aufgebracht)
Spielen wir ein Musical! Wer wird uns eines schreiben?

Jorisch: Der Hauptmann.

Rott: Der hat doch nie ein Musical geschrieben!!!

Jorisch: Soll er es probieren. Man muß ihm eine Chance geben.

Rott: Der Hauptmann ist doch schon seit fünfundzwanzig Jahren tot!

Jorisch: (bestürzt)
Was Sie nicht sagen!

Rott: Haben Sie das nicht gewußt?

Jorisch: Nein. Ich habe nicht einmal gewußt, daß er krank war!

Rott: (schreit)
Jetzt werden Sie wieder behaupten, daß wir die Festspiele nicht machen können!!

Jorisch: Da haben Sie recht.

Rott: Sie müssen doch auch einmal eine Idee haben! Sie können doch nicht nur sagen: Da haben Sie recht!

Jorisch: Da haben Sie recht.

Rott: (schreit noch lauter)
Jetzt habe ich genug!! Mit Ihnen kann man kein Geschäft machen!! Scheren Sie sich zum Teufel!!!
(STANGL kommt. Er hat sich umgezogen, trägt einen dunklen Anzug)

Stangl: (außer sich)
Was ist denn, meine Herren! Sie können doch hier nicht einen solchen Lärm machen! Die Herren im Fenster spielen Schach - die haben sich schon beschwert!

Rott: Wir sind schon ruhig. Aber Sie sind so elegant! Was haben Sie vor?

Stangl: Ich muß ins Rathaus, wir haben eine Gemeinderatssitzung mit Experten. Wir machen nämlich vom nächsten Sommer an Festspiele.
(Er geht. Rott und Jorisch schauen einander dumm an)

So ist es mit den guten Ideen. Wenn man schon einmal eine hat, hat sie meistens ein anderer vorher gehabt.

Die Geschichte vom bösen Mädchen

Unter den zahlreichen literarischen Arbeiten Mark Twains gibt es zwei Geschichten: „Die Geschichte vom bösen Knaben" und „Die Geschichte vom guten Knaben". Ich möchte diese beiden Geschichten aus unserer heutigen Sicht betrachten, doch möchte ich nicht über gute und böse Knaben schreiben. Ich schreibe lieber - sehr frei nach Mark Twain - „Die Geschichte vom guten Mädchen" und „Die Geschichte vom bösen Mädchen". Da das Böse heute Vorrang hat, schreibe ich zuerst: Die Geschichte vom bösen Mädchen.

Es war einmal ein böses Mädchen mit Namen Adele, obzwar die bösen Mädchen fast immer Liz, Sylvia oder Jaqueline heißen. Es ist seltsam, aber dieses Mädchen hieß Adele.

Es kam auch aus keiner zerrütteten Ehe - im Gegenteil. Adeles Eltern liebten einander, es gab nie einen Streit, und wenn es einmal zu einer kleinen Meinungsverschiedenheit kam, sagten sie immer: „Nicht vor dem Kind!" Vater war kein Trinker, er hatte keine Freundin - Mutter war nicht berufstätig, sie hatte keinen Freund - beiden fehlte es nie an Zeit, sich um Adele zu kümmern, und sie kümmerten sich auch um sie. In den meisten Fällen leben die Eltern böser Mädchen getrennt, die Mutter hetzt das Kind gegen den Vater auf, der Vater gegen die Mutter - die Psychiater nennen das eine verdorbene Kindheit. Nichts von alledem war bei Adeles Eltern der Fall. Auch die Gesellschaft, in der sich die beiden bewegten, traf keine Schuld. Es waren wohlhabende, nette und harmlose Menschen, Adele wurde niemals Zeugin orgiastischer Partys - nein. Alles um sie herum war ehrlich und anständig und doch: Adele war ein böses Mädchen. Aber es war seltsam: Alles spielte sich bei Adele anders ab als bei anderen bösen Mädchen.

Mit sechzehn Jahren verführte sie ihren Vetter Georg. Es war im Garten. Sie küßte ihn und machte auch sonst alles, was böse Mädchen machen. Und sonderbar! Die Eltern erfuhren davon und nahmen es ruhig hin. „Die heutige Jugend", sagte der Vater und zuckte mit den Achseln, und „Das ist heute so!" sagte die Mutter und setzte hinzu: „Im Fernsehen sieht man noch ganz andere Dinge!"

Und Adele war weiter bös. Sie verführte hintereinander Heinz, Karl, Wolfgang, Peter und Eduard sowie zwei Popgruppen und einen Sportklub. Und es passierte ihr nichts. Sie wurde nicht schwanger, und man sah ihr ihre Verruchtheit nicht an.

Sie wollte schockieren und ging oben ohne ins Bad. Aber anstatt einen Sturm zu entfesseln, machten es ihr die anderen nach. Bald geriet sie in die Gesellschaft von jungen Mädchen und Burschen, die ebenso bös waren wie sie. Und da sie von allen das größte Taschengeld hatte, versorgte sie die andern mit Hasch. Eines Tages gingen sie wieder auf die Reise. Adele, in ihrem Rausch, stieg auf das Fenster und wollte fliegen. Und sie flog aus dem vierten Stock auf die Straße und verletzte sich nicht einmal den Knöchel. Sie schien einen Schutzengel zu haben. Die Party wurde ausgehoben, und die Bande kam vor das Jugendgericht. Adele spielte das unschuldige Opfer. Sie weinte bittere Tränen, und als sie sich setzen durfte, zeigte sie dem Richter ihre Beine. Das überzeugte ihn von ihrer Unschuld. Alle wurden zu längeren Rahmenstrafen verurteilt, nur Adele wurde freigesprochen.

Dann kam der Mann ihres Lebens. Sie lernte ihn durch Autostop kennen. Er hieß Benno und war fast so alt wie ihr Vater. Da ihre Eltern die Heirat sonderbarerweise nicht erlaubten, gingen die beiden durch, und bald sah man sie im Fernsehen, und zwar in der Sendung „Aktenzeichen XY - ungelöst". Benno war nämlich Hochstapler und Erpresser und Adele sein Lockvögelchen. Aber man erwischte sie nicht - sie waren bereits in Uruguay. Dort zogen sie ihre Show ab. Das Rezept war folgendes: Adele lernt einen reichen Mann kennen, er verliebt sich in sie, sie drechselt es, daß die beiden Männer Freunde werden, sie gehen zu dritt aus, man sieht sie in Restaurants, in Bars, beim Pferderennen, Benno muß geschäftlich nach Europa reisen, sie nimmt den reichen Mann in ihr Bett, Benno kehrt unverhofft zurück, und nun wird der andere erpreßt. Mit dieser Szene machen sie eine Tournee durch ganz Südamerika. Sie kommen zu Geld. In Rio gibt es Streit – Adele erschießt ihren Mann. Skandal. Das ganze Land steht hinter ihr. Sie war ja so jung, als sie von dem Verbrecher verführt worden war.

Adeles Anwalt besticht die Presse. Richter und Staatsanwalt schluchzen, als sie beim Prozeß vorgeführt wird. Die Geschworenen sprechen sie frei.

Adele geht nach Texas und wird die Frau Mr. Peabodys, eines texanischen Ölmagnaten. Als dieser nach einigen Monaten von einem Berg in eine fünfhundert Meter tiefe Schlucht stürzt, schöpft niemand Verdacht. Wer sollte auch ahnen, daß Adele ihm einen Schubs gegeben hat? Adele kehrt als Multimilliardärin in ihre Heimat zurück. Sie wird Mitglied und Ehrenmitglied, Präsidentin und Ehrenpräsidentin vieler karitativer Vereinigungen und lebt geehrt und geachtet bis an ihr Ende.

Man sieht, es ist nicht immer gut, gut zu sein. Auch das Schlechtsein macht sich bezahlt.

Die Geschichte vom guten Mädchen

Und nun – wieder ganz frei nach Mark Twain – die zweite Geschichte: Die Geschichte vom guten Mädchen.

Es war einmal ein gutes Mädchen, und was das absonderliche an ihm war, es hieß Vanessa, wo doch die guten Mädchen immer Gerlinde oder Agatha heißen.

Vanessas Eltern waren nicht so gut wie sie. Der Vater war ein Trinker, die Mutter eine Säuferin. Vielleicht war dieses abschreckende Beispiel der Grund für Vanessas Vorsatz, immer gut bleiben zu wollen. Leider ging bei diesem guten Mädchen immer alles anders aus als bei anderen guten Mädchen.

Es begann in der Schule. Vanessa war die bravste von allen Schülerinnen. Sie lernte alles, sie wußte alles, und sie spielte niemals einen bösen Streich. Eines Tages schrieb Herr Bolte, der Lehrer, eine mathematische Aufgabe auf die Tafel. Er rief Vanessa zu sich auf das Podium.

„Erkläre deinen Mitschülerinnen, wie diese Aufgabe zu lösen ist", sagte er. „Hier hast du meinen Stab, zeige damit auf die einzelnen Zahlen." Vanessa nahm den Stab, wollte ihn über den Kopf des am Katheder sitzenden Lehrers zur Tafel schwingen, dabei verfing er sich in Herrn Boltes Perücke, die Perücke blieb daran hängen, die Klasse johlte, und Vanessa bekam einc Fünf im Betragen. Ihr Vater versohlte sie.

Eines Tages erwischte sie eine ihrer Freundinnen im Park, als diese eben von einem bösen Jungen geküßt wurde. Empört stellte sie die beiden zur Rede. „Ich habe nichts getan", redete sich der böse Junge heraus. „Ich habe bloß *so* gemacht." Und er nahm Vanessa in die Arme und küßte sie. Da kam ihre Mutter, der böse Junge lief davon, und die Mutter schlug Vanessa.

Vanessa ging ins Bad. Sie trug einen Badeanzug, der wirklich nichts sehen ließ. Plötzlich blieb sie an einem vorstehenden Nagel hängen, der Badeanzug riß, und sie stand da oben ohne. Und da es in diesem Bad nur gute Mädchen gab, prügelte man sie hinaus.

Vanessa fand einen Kater, der bei einer Rauferei verletzt worden war. Sie nahm sich vor, ihn gesund zu pflegen. Sie hatte einmal von einem guten Mädchen gelesen, das einen verletzten Kater gefunden und gesund gepflegt hatte, worauf sich herausstellte, daß besagter Kater das Lieblingstier einer reichen, alten Gräfin war. Die Gräfin nahm sich des Mädchens an, sie sorgte für sie und verheiratete sie mit einem edlen Grafen. Bei Vanessa kam es anders, wie bei ihr alles anders kam. Kaum begann sie den Kater zu pflegen, als dieser sie ansprang und ihr das Gesicht zerkratzte. „Dir geschieht recht", sagte der Vater und gab ihr eine Ohrfeige.

Vanessa kam als Lehrling in einen Supermarkt. Eines Tages vermißte die Chefin eine kostbare Nadel. Sie verständigte die Polizei. Der Kommissar ließ die Belegschaft antreten. „Hat jemand von Ihnen die Nadel gesehen?" fragte er. Alle verneinten. Als sie wieder abtreten durften, stellte es sich heraus, daß Vanessa, ohne es zu wissen, mit dem rechten Fuß auf der Nadel gestanden war. Sie wurde entlassen und bekam eine Polizeistrafe.

Vanessa wollte Sekretärin werden und lernte zu diesem Beruf Stenographie und Maschinenschreiben. Da sie in Stenographie nur langsam weiterkam, lud sie ihr Lehrer in seine Wohnung ein. Er wollte es ihr beibringen. Was er ihr beibrachte, wunderte sie; mit Stenographie hatte es nichts zu tun, aber ihm gefiel es und so wollte sie ihm die Freude nicht nehmen. Sie war so gut.

Sie kam in Gesellschaft junger Menschen. Eines Tages nahm man sie zu Freunden mit - es war eine Rauschgiftparty. Vanessa war außer sich, als sie es merkte. Sie nahm, unter Androhung einer Anzeige, das ganze Rauschgift zu sich. Im selben Moment erfolgte eine Razzia. Während die andern flüchteten, blieb Vanessa zurück. Sie hatte ja nichts verbrochen. Leider hatte sie die Hände und Taschen voller Haschisch und Heroin, und so wurde sie verhaftet. Diesmal bekam sie eine längere Kerkerstrafe. Als sie wieder entlassen wurde, wollte niemand mit ihr verkehren, sie fand keine Anstellung, sie sank immer tiefer und tiefer, und bald konnte sie nur noch mit Unterstützung jener karitativen Organisation ihr Leben fristen, deren Ehrenpräsidentin das *böse* Mädchen war.

So zeigt es sich wieder einmal, daß es sich nicht lohnt, gut zu sein. Das Böse regiert, und wie man weiß, lebt es sich bedeutend besser, wenn man zur Regierung gehört.

Neugier ist die Mutter der Schlüssellöcher

Es gibt Menschen, die neugierig, und Menschen, die neugieriger sind. Für sie sind warum, weshalb, wieso etc. nicht bloß Fragewörter im Kreuzworträtsel – für sie sind sie Lebensinhalt. Denn: Neugier ist die Mutter der Schlüssellöcher.

Bergers wohnten in einem Vorkriegshaus, einem Haus, das vor dem ersten Weltkrieg erbaut worden war, einem Haus mit großen Zimmern, hohen Decken, einem Hof mit alten Bäumen – und Mietern, die noch einander kannten. Mieter, die auf der Treppe „Grüß Gott" sagten, die sich erkundigten „Wie geht es Ihrer Frau? Ich habe sie seit langem nicht gesehen", und die bereit waren, dem Nachbarn zu helfen, wenn er Hilfe benötigte. Kurz: Bergers wohnten in einem Haus, wie es heute nur noch wenige gibt.

Bergers waren ein nettes Ehepaar. Sie hatten einen Twen-Sohn und eine Teenager-Tochter, sie gaben kaum Anlaß zu irgendeinem Tratsch, und doch zerbrach man sich den Kopf über sie. Man hörte sie zwar niemals lärmen oder schreien, sie hatten keinen Streit, sie gaben keine lauten Partys, der Junge hatte nette Freunde, das Mädchen nette Freundinnen – und doch! Es war etwas weit Schlimmeres, was die Leute an den Bergers „eigenartig" fanden: Sie hatten keinen Fernsehapparat.

Meiers hatten einen Videorecorder, Müllers einen Videorecorder mit einer Videokamera, Schulzes einen Videorecorder, eine Videokamera sowie ein Fernsehgerät mit Anschluß für Teletext, Wimmes einen Videorecorder, eine Videokamera, ein Fernsehgerät mit Anschluß für Teletext und waren außerdem verkabelt – und Bergers hatten nicht einmal einen Fernsehapparat. Nicht einmal einen Schwarzweiß-Fernsehapparat. So etwas war doch immerhin verdächtig.

„Ich verstehe es nicht", sagte Meier bei einer Mieterversammlung, zu der die Bergers nicht erschienen waren. „Da muß doch etwas nicht stimmen."

„Vielleicht haben sie kein Geld", meinte Müller.

„Unsinn!" lachte Frau Schulze. „Berger ist Direktor einer Bankfiliale - der hat seine fünfzigtausend im Monat."

„Außerdem bekommt man jedes Fernsehgerät auf Raten", warf Huber ein. „Wir haben das unsrige auch nicht auf einmal bezahlt. Au!" rief er plötzlich. Seine Frau hatte ihm unter dem Tisch einen Tritt gegen das Schienbein gegeben.

„Vielleicht hat es einen anderen Grund", meinte der alte Hofrat Weinlich hintergründig. „Vielleicht sind es die jungen Leute. Denn daß die jeden Abend zu Hause verbringen, ist ja auch nicht normal."

Frau Rübensaft pflichtete ihm bei. „Sie haben recht", sagte sie. „Sie gehören keiner politischen Studentengruppe an, sie gehen in keine Diskothek, man hat sie noch nie bei einer Demonstration gesehen - da stimmt doch etwas nicht."

„Lächerlich", sagte Frau Schulze. „Bergers haben keinen Fernsehapparat - gut. Das ist doch kein Grund zu einer Diffamierung. Was kümmert es uns, was die vier am Abend machen?"

„Sagen Sie das nicht", meinte der alte Hofrat wieder. „Sie wissen, daß ich viele Jahre bei der Sittenpolizei war - da kommt einem manches unter."

„Orgien?" fragte Müller und riß gierig die Augen auf. „Sie meinen, daß die vier am Abend Orgien feiern? Vater, Mutter, Tochter, Sohn?"

„Das nicht", wehrte der Hofrat ab. „Aber ... "

„Vielleicht hat Frau Berger einen Geliebten?" warf Frau Meier ein.

„Oder Herr Berger eine Freundin?" gab Frau Müller zu bedenken.

„Deshalb könnten sie doch fernsehen", meinte Herr Huber.

„Vielleicht ist die Tochter käuflich?"

„Oder der Sohn?"

„Das ist nicht das, was ich meine", sagte der Hofrat. „Es gibt da weit ernstere und einträglichere Dinge. Schließlich fährt Herr Berger einen Maserati, und Frau Berger einen Mercedes als Zweitwagen. Ihr Haus in Kitzbühel soll eine Pracht sein, die

BERGER

Kinder studieren und bekommen, wie ich hörte, ein beträchtliches Taschengeld. So viel verdient man nicht - auch nicht als Direktor einer Bankfiliale. Vielleicht haben aber die vier einen ergiebigeren Nebenjob - einen, den das Gesetz verbietet. Handel mit einer bestimmten Ware zum Beispiel."

„Sie meinen - Rauschgift?" fragte Frau Müller, und es lief ihr kalt über den Rücken.

„Es könnte sein."

„Ich habe neulich zu meinem Mann gesagt", sagte Frau Müller, „der junge Berger hat einen glasigen Augenausdruck. Erinnerst du dich, Eduard?"

„Nein."

Frau Müller warf ihrem Mann einen vernichtenden Blick zu.

„Auch das Mädchen", meinte Frau Meier, „hat oft etwas Abwesendes, Entrücktes."

Frau Schulze zweifelte an dem Gerede. „Die vier sehen mir nicht danach aus, als ob sie Rauschgift nehmen würden."

„Nehmen!" lachte der Hofrat. „Haben Sie noch nie etwas von Dealern gehört? Leuten, die das Zeug verteilen? Wenn einer von den vieren das Gift nach Hause bringt - und ich habe Berger neulich mit einem Paket unter dem Arm gesehen - und sie den Stoff am Abend in Säckchen füllen, dann haben sie natürlich keine Zeit zum Fernsehen."

Frau Müller fröstelte. Da wohnt man seit Jahren mit Rauschgifthändlern unter einem Dach und weiß es nicht. Und es konnte weit Schlimmeres sein. Vielleicht sind Bergers Terroristen, die am Abend ihre Bomben basteln. Man muß sie anzeigen - oder soll man warten, bis das Haus in die Luft fliegt?

Man faßte einen Beschluß. Hofrat Weinlich wurde beauftragt, Berger auszuhorchen. Schließlich war er bei der „Sitte" gewesen und wußte, wie man das anstellt.

Einige Tage darauf traf Weinlich Berger auf der Treppe. „Guten Morgen, Herr Berger!" grüßte er ihn freundlich. „Wie geht es? Was macht die Familie?"

„Danke!" antwortete Berger strahlend. „Mein Sohn hat die Matura mit Auszeichnung bestanden, ich habe ihm zur Belohnung eine Reise nach Tunesien geschenkt, und sein Schwesterchen hat er mitgenommen."

Der Hofrat hörte nicht weiter hin. Tunesien, durchfuhr es ihn. Rauschgift! Er beschloß, unverzüglich auf sein Ziel loszusteuern. „Ich dachte mir neulich - ich bin doch Ihr Nachbar - daß ich Ihnen einmal sagen muß, wie dankbar ich Ihnen bin, weil Sie Ihren Fernsehapparat immer auf Zimmerlautstärke einstellen."

„Fernsehapparat?" lächelte Berger. „Wir haben keinen Fernsehapparat."

Dem Hofrat blieb die Spucke weg. Der Verbrecher gab es noch zu.

„Wenn Sie keinen Fernsehapparat haben", fragte er, „was machen Sie denn am Abend?"

„Wir reden miteinander", sagte Berger schlicht.

Der Hofrat war starr. Er erinnerte sich der Zeit, in der auch er und seine Frau abends miteinander geredet hatten. Das war damals - in der Vorfernsehzeit - ganz normal gewesen. Aber heute?

Heute kann ich Ihnen, liebe Leserinnen und Leser, nur *einen* Rat geben: Seien Sie nicht normal - es ist anormal.

Eitelkeit

Eitelkeit ist die unter uns Menschen meistverbreitete Eigenschaft. Man ist eingebildet, hochmütig, selbstgefällig, arrogant, aufgeblasen, affektiert, angeberisch - und was es sonst noch an Synonymen für „Eitelkeit" gibt. Ich bin eine der wenigen Ausnahmen. Ich bin weder eingebildet noch hochmütig, weder arrogant noch affektiert - und ich bin stolz darauf. Aber sonst, wohin man schaut, überall: Eitelkeit.

Wir saßen wieder einmal im Kaffeehaus: Robinson, Joschi und ich. Plötzlich stürzte Wronsky herein: „Habt ihr auch eine Einladung bekommen?" fragte er. Wir hatten.

Es handelte sich um eine gedruckte Einladung, genauer gesagt um die gedruckte Einladung eines gemeinsamen Bekannten namens Merischl, den wir seit Jahren nicht mehr gesehen hatten. Er verständigte uns, auch im Namen von Gattin Josefa, von der am 29. 9. d. J. stattfindenden Vermählung seiner Tochter Gerlinde mit Herrn Ing. Heinz Meyer - während uns auf derselben Einladung Herr Max Meyer und Gattin Friederike von der am 29. 9. d. J. stattfindenden Hochzeit ihres Sohnes Ing. Heinz Meyer mit Fräulein Gerlinde Merischl Mitteilung machten. So weit, so gut. Das ist so üblich, das war nicht merkwürdig. Netterweise baten uns beide Elternpaare, dem nach der Trauung stattfindenden Essen beizuwohnen. Auch das ist nichts Besonderes - und was wir ganz reizend fanden: Der Einladung lag eine Karte bei, auf der man bloß auszufüllen hatte, mit wie vielen Personen man an der Tafel teilnehmen wolle. Und jetzt kommt das Sonderbare: Die Einladung war in englischer Sprache abgefaßt, und als mich meine Frau fragte, wo das Essen stattfinde, las ich: New York, Waldorf-Astoria. Das hatte für jeden von uns seine Folgen.

„Da siehst du", meinte meine Frau, „wie andere Leute es

verstehen, Geld zu machen. Was war dieser Merischl in Wien? Nichts. Er hatte den Mut, nach den Staaten auszuwandern, in Brooklyn ein kleines Herrenkleidergeschäft aufzumachen - und heute? Heute hat er den größten Herrenkleidersalon New Yorks, mit Filialen in Los Angeles, San Francisco und vielen anderen Städten."

„Woher weißt du das?" fragte ich verwundert. „Wir haben seit Jahren nichts mehr von ihm gehört?"

„Das ist doch klar", antwortete meine Frau mit der größten Selbstverständlichkeit. „Könnte er es sich sonst leisten, nach der Trauung seiner Tochter ein Essen im Waldorf-Astoria zu geben? Weißt du, was das heißt?"

Ich wußte es. Das Waldorf-Astoria ist das teuerste Hotel von New York.

„Um dort ein Hochzeitsessen zu veranstalten", setzte meine Frau fort, „muß einer schon sehr vermögend sein. Oder könnten *wir* die Hochzeit unserer Tochter im Waldorf-Astoria feiern?"

„Wir haben keine Tochter", warf ich schüchtern ein.

„Ein Glück. Was könnten wir ihr denn schon bieten? Das arme Kind würde sich die Augen aus dem Kopf weinen, wenn es hörte, wie andere Mädchen leben. Weißt du, was heute ein Brautkleid kostet? Eine Wohnung? Eine Aussteuer? Gar nicht zu reden von der Mitgift! Nichts könnten wir ihr geben! Nichts!" Sie schluchzte. Auch ich bekam feuchte Augen. Es war wirklich ein Glück, daß wir keine Tochter hatten. „Ich habe dir immer gesagt", sprach meine Frau weiter, „gehen wir nach den Staaten! Du könntest heute der bestbezahlte Televisionautor von ganz Amerika sein!"

„Das könnte ich *nicht*", versuchte ich ihr beizubringen. „Wenn wir nach den Staaten gegangen wären, wäre ich höchstens ein kleiner Ghostwriter eines anderen kleinen Ghostwriters, der wieder der Ghostwriter eines dritten kleinen Ghostwriters wäre. An die großen kommt man nicht heran. Um in Amerika zu Geld zu kommen, hätte ich den Beruf wechseln müssen."

„Du den Beruf wechseln?" fragte meine Frau ironisch. „Was hättest du schon werden können?"

„Das weiß ich nicht", entgegnete ich gereizt. „Vielleicht Angestellter bei Merischl."

Ähnliche Szenen erlebten auch meine Freunde. „Wenn wir nach den Staaten gegangen wären wie Merischl", warf Mela Robinson ihrem Gatten vor, „damals, wie ich es dir gesagt habe, wärst du heute ein Staranwalt!"

„Unsinn", brummte Robinson. „Man hätte mich gar nicht zugelassen. Ich hätte das amerikanische Recht studieren müssen, Prüfungen ablegen müssen - alles in englischer Sprache..."

„Na und?" unterbrach ihn Mela. „Das kann doch nicht so schwer sein! Was war denn Truman, bevor er Präsident geworden ist? Advokat!"

„Du irrst", sagte Robinson. „Truman hatte ein kleines Herrenmodengeschäft."

„Genau wie Merischl!" rief Mela. „Du wirst sehen, Merischl wird noch Präsident der Vereinigten Staaten werden!"

„Nach den Staaten hätten wir gehen müssen!" klagte auch Vera Wronsky. „Ich habe es dir gesagt, aber du wolltest ja nicht auf mich hören! Du hattest Angst, noch einmal von vorn anzufangen! Merischl hat diese Angst *nicht* gehabt! Glaubst du, Hilton hat gleich als Milliardär begonnen? Er hat erst *ein* Hotel gebaut, dann ein zweites, dann ein drittes, und heute hat er eine Hotelkette, die die ganze Welt umspannt! Hilton, das habe ich neulich in einer Illustrierten gelesen, fährt nur noch von Stadt zu Stadt und läßt sich seine Hotels zeigen!"

Wronsky wurde wütend. „Ich bin kein Hotelier, ich bin ein Dentist!" schrie er. „Ich kann nicht von Stadt zu Stadt fahren und mir von den Leuten die Zähne zeigen lassen!"

„Alles kann man!" sagte Vera beharrlich. „Du natürlich nicht! Da muß man vom Schlag eines Merischl sein! Aber du? Du bist doch nur ein ... "

Wronsky schlug die Tür zu und ging ins Kaffeehaus. Er wollte nicht wissen, was er ist.

Im Kaffeehaus saßen Robinson und ich und ließen uns eben den Auftritt schildern, den Joschi mit seiner Frau gehabt hatte. „Du bildest dir so viel auf deine Tätigkeit ein", hatte Tutzi gesagt. „Wenn du wirklich so tüchtig wärst, wie du denkst, wären wir nach den Staaten gegangen, wie Merischl es getan hat! Er macht dort ein Vermögen, er erhält seine Familie standesgemäß - jawohl standesgemäß", schrie sie, weil Joschi versucht hatte, etwas einzuwenden, „sonst würde er das Hochzeitsessen nicht im Waldorf-Astoria geben! Er erhält seine Familie standesgemäß", wiederholte sie, „und wenn er einmal stirbt, wird für seine Witwe gesorgt sein! Was hast du denn schon hier? Hie und da bekommst du einen Drehbuchauftrag, und wenn du *keinen* bekommst, lebst du von faulen Tricks! In den Staaten hättest du es bestimmt schon zum Mafiaboß gebracht!"

„Und wäre vom Gegenboß erschossen worden!" ergänzte Joschi.

„Egal", meinte Tutzi. „Für die Witwe wäre gesorgt."

Merischl machte uns Ärger. Wir setzten uns zusammen und kamen nach stundenlanger Beratung zu der Erkenntnis, daß wir, wenn wir wieder unseren Frieden haben wollten, unseren Frauen ein Leben bieten müßten, wie es ihnen nur Merischl bieten könnte. Das heißt: Sollte meiner Frau der Sinn nach einem weißen Nerz stehen, müßte ich ihr einen kaufen, sollte Mela Robinson den Winter in Acapulco verbringen wollen, müßte man ihr das erlauben, sollten Vera und Tutzi was immer für Wünsche haben, müßte man sie ihnen erfüllen. Wir beschlossen, zu diesem Zweck einen gemeinsamen Fond zu gründen - wir nannten ihn Merischl-Fond - aus welchem die Bedürfnisse unserer Frauen finanziert werden sollten. Um der Sache einen legalen Anstrich zu geben, gründeten wir einen Merischlverein mit Vorstand und Statuten. Robinson wurde Präsident, Wronsky Vizepräsident und ich Schriftführer. Der Anspruch Joschis auf den Posten des Kassiers wurde einstimmig abgelehnt. Joschi wurde „das" Mitglied, die Kasse wurde gemeinsam verwaltet. Sogar einen Gruß hatten wir. Wenn der Grüßende „Pfui" sagte, sagten die anderen „Merischl!" So ging es einige Wochen hindurch - die Merischlwünsche unserer Frauen wurden widerspruchslos erfüllt. Es waren nicht viele. Mela Robinson beanspruchte einen Mercedes (als Frau Merischl würde sie schon längst einen fahren), Vera Wronsky verlangte einen Swimming-pool für ihren Bungalow (Merischl würde seiner Frau gewiß nicht zumuten, ohne Swimming-pool zu leben), und meiner Frau gelüstete es nach einer Mittelmeerreise (Frau Merischl hätte es sicherlich nicht unter einer Weltreise getan). Am bescheidensten war Tutzi. Sie wollte bloß zwanzigtausend Schilling in bar haben und diese für ihren Gatten. Sie persönlich, so behauptete Joschi, haben keinen

Wunsch. Sie wolle nur, daß er, Joschi, eine ebenso volle Brieftasche habe wie Merischl. Der Fond war ausgeschöpft, wir wollten ihn eben aufstocken, als mein Schwager Goldmann kam.

Er war in Amerika gewesen, hatte vor seiner Hinreise ebenfalls eine von Merischls Hochzeitseinladungen bekommen und war, da er sich am neunundzwanzigsten September gerade in New York befand, ins Waldorf-Astoria gegangen.

In gebrochenem Englisch sagte er zu dem Portier: „I look for wedding Merischl."

„There is no wedding Merischl", sagte der Portier.

„No wedding Merischl?"

„No wedding Merischl. Let me see." Der Portier sah in einem Buch nach. „No wedding Merischl", wiederholte er.

Goldmann suchte die Telefonnummer Merischls heraus und rief an. „Mr. Merischl ist nicht zu Hause", sagte eine Frauenstimme. „Seine Tochter heiratet heute. Ich bin die Großmutter. Ich konnte nicht mitgehen, weil in dem Lokal, in dem das Essen ist, nicht so viel Platz ist." Sie nannte ihm die Adresse eines Restaurants. „Dort werden Sie ihn finden."

Goldmann ging hin. Es war nicht einmal ein Restaurant, es war eine Cafeteria. In einem kleinen Extrazimmer saß die Hochzeitsgesellschaft: Braut, Bräutigam, Merischl und Frau, Meyer und Frau sowie zwei Trauzeugen. „Ing" war nicht die Abkürzung für „Ingenieur", sondern für „Ingmar". Merischls Schwiegersohn hieß Ingmar Heinz Meyer und war sein einziger Angestellter. Im übrigen besaß er noch immer sein kleines Geschäft in Brooklyn und machte recht und schlecht „his living", wie man in Amerika sagt. Warum er uns die Einladungen geschickt hatte? Aus Eitelkeit. Der alte Meyer hatte eine Druckerei - so hatten sie ihn nicht viel gekostet. Er hatte nicht damit gerechnet, daß einer von uns nach New York kommen könnte.

Unsere Frauen waren in der nächsten Zeit merkwürdig still. Was einem Menschen an Verstand fehlt, das ersetzt er durch Eitelkeit, würde ich sagen - wenn es nicht schon Nietzsche gesagt hätte.

Ludwig XVI.

„Es ist noch die Frage, ob Wahnsinn nicht die höchste Form von Intelligenz ist", sagte Edgar Allan Poe.

Ich weiß es nicht. Ich hatte in meinem Leben viel mit Verrückten zu tun, aber nie mit Wahnsinnigen. Einer dieser Verrückten war Birnbaum. Hätte er sich eingebildet, ein Birnbaum zu sein, hätte ich es eingesehen - aber das genügte ihm nicht. Er schien sich gedacht zu haben: „Wenn ich mir schon einbilde, etwas anderes zu sein als ich bin, dann etwas Höheres. Ein König. Und kein gewöhnlicher König. Ein Roi." Und so wurde Birnbaum Ludwig XVI.

Birnbaum war über Nacht verrückt geworden. Am Abend sagte er noch zu seiner Frau Mathilde, wie an jedem Abend vor dem Schlafengehen, „Gute Nacht!", am Morgen sagte er „Bonjour!" und verlangte mit „Sire" angesprochen zu werden. „Ich bin Ludwig XVI." setzte er hinzu.

Seine Frau sah ihn erschrocken an. „Ludwig", sagte sie (Ludwig hieß er wirklich), „was ist los mit dir? Du bist Ludwig Birnbaum, hast eine Buch- und Papierhandlung, warst immer zufrieden - warum willst du plötzlich ein König sein?" Aber Birnbaum, der in letzter Zeit viel über französische Geschichte gelesen hatte - er pflegte immer zu lesen, wenn keine Kundschaft im Laden war - fuhr sie an: „Bring mir das Déjeuner oder - Milletonerre! - ich werfe dich in die Bastille!" Mathilde zog sich zitternd zurück und brachte das Frühstück: Kaffee, Milch, Butter, Marmelade, Brötchen und ein weiches Ei. Birnbaum fegte es mit der Hand vom Tisch. „Das nennst du ein Déjeuner?" schrie er. „Das ist im besten Fall ein Frühstück für einen Buchhändler, aber nicht für einen König! Wo sind die Austern? Wo ist der Kaviar? Wo ist das délicieuse Naschwerk, das mir mein Hofkonditor zu backen pflegt? Fort damit!"

Mathilde trug das Frühstück in die Küche zurück und rief

ihre Mutter an. „*Was* will er sein?“ fragte Birnbaums Schwiegermutter. „Ludwig XVI.? Laß *mich* mit ihm reden, ich komme sofort zu dir!“

Sie kam. Nun war Birnbaums Schwiegermutter keine von den angenehmsten. Hätte Siegfried sie seinerzeit besiegen müssen, hätten wir heute keine Nibelungensage. „*Wer* willst du sein?“ fragte sie ihren Schwiegersohn unfreundlich.

„Ich bin Ludwig XVI.“

„Ein Schmarrn bist du!“ antwortete die Schwiegermutter.

„Du bist Ludwig Birnbaum und bist mit meiner Tochter verheiratet!“

„Sie meinen Maria Antoinette? Dann sind Sie die Kaiserin Maria Theresia!“

„Ich bin nicht die Kaiserin Maria Theresia, ich bin deine Schwiegermutter Rosa Rechnitzer!“

„Was erkühnen Sie sich, Madame! Ich bedaure es, daß Ihr Gemahl, Franz Stephan von Lothringen, nicht mehr unter den Lebenden weilt, ich hätte bei ihm Beschwerde eingelegt!“

„Mein Gemahl ist nicht Franz Stephan von Lothringen, mein Gemahl war Heinrich Rechnitzer, Buch- und Papierhändler! Du bist als Verkäufer bei uns eingetreten, hast unsere Tochter geheiratet und hast das Geschäft geerbt!“

„Geschäft?“ sagte Birnbaum geringschätzig. „Ich habe alles geerbt! Ganz Frankreich! La grande nation!“

„Was redest du da?“ Frau Rechnitzer war verzweifelt. „Du hast nur das Geschäft geerbt! Ich muß es doch wissen! Ich bin doch die Mutter deiner Frau!“

„Dann seid Ihr doch Maria Theresia!“ freute sich Birnbaum.

Frau Rechnitzer zwang sich zur Ruhe. „Hör zu“, sagte sie, „ich werde dir alles erklären.“

Mathilde stand draußen vor der Tür. Nach einer Stunde kam ihre Mutter heraus. „Fürchte nichts“, sagte sie zu ihrer Tochter, „es wird alles gut werden. *Einen* Ludwig habe ich ihm schon heruntergehandelt. Er glaubt nur noch Ludwig XV. zu sein.“

Aber auch als Ludwig XV. war er nicht besser. Er freute sich zwar, daß er Lothringen bekam, ärgerte sich aber, daß es ihm im Österreichischen Erbfolgekrieg trotz großer militärischer und finanzieller Anstrengungen nicht gelang, das Haus Österreich niederzuringen. Mathilde rief den Arzt Dr. Merzenberger.

„Birnbaum!“ sagte der Medizinalrat Dr. Merzenberger jovial

L. B.

als er eintrat. „Ihre Frau hat mich gebeten zu kommen. Wie geht es Ihnen?"

Birnbaum nickte ihm hoheitsvoll zu. „Meine Majestät", sagte er, „fühlt sich gesundheitlich wohl. Eben habe ich Ihre Majestät, die Kaiserin von Österreich, in Audienz empfangen."

„Sie meinen Frau Rechnitzer", sagte Dr. Merzenberger.

Birnbaum wurde wütend. „Parbleu!" rief er. „Wie unterstehen Sie sich, Ihre Majestät zu benamsen!"

Merzenberger erschrak. „Pardon, Sire!" entschuldigte er sich. „Es war nicht meine Absicht ... "

„Eh bien", unterbrach ihn Birnbaum herablassend. „In Anerkennung Ihrer Verdienste ernenne ich Sie zum Hofmedikus. Die Audienz ist beendet."

Dr. Merzenberger verließ mit einem untertänigen Bückling das Zimmer. Draußen wartete Mathilde. „Wie geht es ihm, Herr Medizinalrat?" fragte sie ängstlich.

„Medizinalrat?" wiederholte Dr. Merzenberger stolz. „Hofmedikus." Damit verabschiedete er sich hocherhobenen Hauptes. Eine Stunde später kam Professor Dr. Mondschein. „Beruhigen Sie sich", sagte er zu Mathilde. „Lassen Sie mich nur machen. Solche Patienten muß man mit Grobheit behandeln."

„Da sind Sie ja!" polterte er, als er eintrat, und schlug Birnbaum kräftig in den Rücken. „Ihre Frau hat mir erzählt, was Sie für Sachen machen!"

„Halt Er den Mund!" befahl Birnbaum. „Weiß Er nicht, wer ich bin? Ich bin Ludwig XV.!"

„Ein Dreck sind Sie!" entgegnete Dr. Mondschein grob. „Ein kleiner Geschäftsmann sind Sie, der mir noch die letzte Visite schuldig ist!"

„Wache!" rief Birnbaum. „Musketiere des Königs! D'Artagnan, Porthos, Aramis! Verhaftet ihn!" Birnbaum richtete sich auf, daß er um einen Kopf größer wurde, dann wendete er sich an Dr. Mondschein. „Ich aberkenne Ihnen die Doktorwürde und verurteile Sie zu lebenslänglicher Deportation auf der Teufelsinsel! Begeben Sie sich sofort dorthin oder ich lasse Sie füsilieren! Hinaus!"

Dr. Mondschein zog sich erschrocken zurück. „Wie geht es ihm?" wimmerte Mathilde.

„Halten Sie mich nicht auf", antwortete Dr. Mondschein. „Ich muß das Flugzeug nach der Teufelsinsel erreichen!"

Am Abend kam endlich der Psychiater Dr. Eidlitz.

„Wundern Sie sich nicht", sagte er zu Mathilde, „wenn ich Ihrem Gatten anfangs in allem recht gebe. Narren soll man nicht widersprechen. Vor allen Dingen muß man ihn von der Idee abbringen, der Fünfzehnte zu sein." Sie traten ein. „Sire!" sagte Dr. Eidlitz und verneigte sich tief.

„Wer ist Er?"

„Chevalier Eidlitz, Sire, der Hofpoet Eurer Majestät. Ich schreibe ein Buch über Euch und bin in meinen Nachforschungen auf einen gewissen Birnbaum gestoßen, der Euch einmal viel bedeutet hat. Erinnert Ihr Euch an ihn?"

„Naturellement!" lachte der König. „Ludwig Birnbaum, ein kleiner Buch- und Papierhändler."

Eidlitz nickte Mathilde triumphierend zu und setzte fort. „Kennen Majestät vielleircht die Familienverhältnisse dieses Birnbaum?" fragte er.

„Ob ich sie kenne. Birnbaums Eltern hatten viele Kinder, und was das Seltsame war - lauter Knaben."

„Und?" fragte Chevalier begierig. „War Ludwig der erste?"

„Nein", erwiderte der König, „der fünfzehnte."

Chevalier Eidlitz zuckte zusammen. „Was wißt Ihr sonst noch von ihm, Majestät?" erkundigte er sich. „Wie war er in der Schule? War er da wenigstens der Erste?"

Ludwig schüttelte den Kopf. „Der Fünfzehnte."

Eidlitz gab nicht auf. „Seine erste Liebe", fuhr er fort. „Wer war sie?"

„Frieda Papanek", gab der König bereitwilligst Auskunft. „Er wollte sie heiraten, aber er kam bald dahinter, daß er bereits Vorgänger hatte."

„Und der wievielte war er?"

„Der fünfzehnte."

Dr. Eidlitz ließ ihn in seine Klinik bringen. Im Wartezimmer saßen noch zwei andere Patienten.

„Churchill", stellte der erste sich vor.

„Ludwig XV."

„Woher wissen Sie das?"

„Der liebe Gott hat es mir gesagt."

Drauf sagte der dritte: „Ich habe kein Wort gesprochen."

Nach drei Monaten wurde Birnbaum geheilt entlassen. Er verabschiedete sich von Ärzten und Schwestern. „Es ist ein schönes Gefühl", sagte er gerührt, „wieder gesund zu sein. Nun eine Bitte: Darf ich Sie nach Beendigung des Siebenjährigen Krieges, den ich gemeinsam mit Österreich gegen die Preußen führen werde, zu einer Genesungsparty einladen?"

Birnbaum redete sich nicht mehr ein, ein anderer zu sein. Er stand wieder im Geschäft und verkaufte Kugelschreiber und Bücher - aber er blieb verrückt. So fiel er weiter nicht auf.

Das Fernsehdeutsch

Die deutsche Sprache ist eine schöne Sprache. Die Sprache der Dichter und Denker. Man unterscheidet zwei Arten von Deutsch – Süddeutsch und Norddeutsch – zwei Gruppen, welchen eine Menge von Dialekten angehören. Dann gibt es aber noch ein drittes Deutsch: Das Fernsehdeutsch.

Mein Neffe Ladi, damals 8, Bubi Wimmer und Pauli Pinagl, 8 und 9, stehen in der Wohnung von Ladis Eltern am Fenster und blicken auf die Straße hinunter. Im Haus gegenüber befindet sich eine Diskothek. Zwei Polizisten kommen eben um die Ecke.

„Die Polente“, sagt Ladi.

„Wo?“ fragt Bubi.

„Dort. Siehst du die Bullen nicht, Dreckskerl?“

„Okay, okay!“ beruhigt ihn Bubi. „Ob die in den Schuppen gehen?“

„Leicht möglich“, mischt sich nun Pauli ins Gespräch. „Sind vielleicht hinter ’nem Dealer her.“

„Denkst du, daß es dort unten Stoff gibt?“ erkundigt sich Ladi.

„Klar, Mensch. Hast du noch nie die Typen gesehen, die dort rumschleichen? Hängen völlig durch.“

„Sollen eine verdammt heiße Show abziehen dort drüben“, meint Bubi.

„Heiße Show“, murmelt Ladi verächtlich. „Hast du die neue Zeichenlehrerin gesehen? Wenn die die Beine übereinanderschlägt – das ist ’ne Show! Spitze! ’ne tolle Nummer!“

„Müde Mieze“, meint Bubi blasiert. „Mein Bruder hat jetzt ’n Mädchen – das ist ’ne Biene, Jungs! Optimal! Wenn ich älter wäre, an die würde ich mich ranschmeißen.“

„Du würdest deinen eigenen Bruder austricksen?“

„Klar, Mensch! Er hat mich auch verpfiffen, wie ich neulich die Schule geschwänzt habe.“

„Hat er Mäuse?"

„Mein Bruder? Nein. *Sie* hat die Kohlen." Sie blicken wieder auf die Straße.

„Seht ihr den beknackten Gent, der aus dem Schuppen kommt?" fragt Ladi. „Das ist der Oberboß."

„Ob der eine Kanone hat?"

„Muß er haben. Der Laden ist unheimlich scharf. Und er ist ein Kerl. Ein Wort zu dem und du glaubst, dich streift ein Bus. Außerdem hat er einen gefährlichen -" Ladi stockt.

„Was hat er?" fragt Pauli.

„Einen gefährlichen -", er weiß nicht weiter.

„Spuck aus, Mensch!" sagt Bubi. „Mach schon!"

„Moment", beruhigt ihn Ladi, geht zur Tür und ruft ins Nebenzimmer: „Papi, wie heißt Hund auf deutsch?"

O Fernsehen! Hätte es dich zu Lessings Zeiten gegeben, er hätte nicht „Nathan, der Weise" geschrieben, sondern „Nat, das Superhirn".

Elman, der Handleser

Es gibt Menschen, die aus der Hand lesen wie aus einem offenen Buch. Bei der schmutzigen Literatur, die wir heute haben, ist es kein Wunder, wenn auch ihre Lektüre schmutzig ist. Ein Beispiel: Elman, der Handleser.

Pinagls geben eine Party. Es war ein Empfang für Mr. Elman. Elman, früher Österreicher (Eisemann), heute Amerikaner, war der Vertreter einer großen US-Firma, mit der Pinagl Geschäfte machte. Elman war der Top aller Partys. Er flirtete mit den Damen, er wußte Witze, wie die Herren sie gerne hörten, er tanzte, er zauberte, er spielte Klavier, er sang, er mixte Getränke - er begeisterte alle und jeden. Dank dieser Eigenschaften bekam er die besten Aufträge für seine Firma - bessere als alle seine Kollegen.

Pinagls hatten ihre Freunde geladen, und alle waren gekommen: Wimmers, Webers, Färbers, Spannagls - alle. Das Essen war ausgezeichnet, die Weine waren exzellent, die Stimmung bestens. Man zog sich in den Salon zurück. Elman charmierte mit Lisa Wimmer, er bezirzte Roberta Weber, faszinierte Gerda Färber und berückte Trude Spannagl. Später, im Rauchzimmer, kamen die Herren an die Reihe.

Elman war kein gewöhnlicher Witzeerzähler. Er fragte nicht: „Kennen Sie den?“ Nein. Er hatte eine Anzahl lustiger Bemerkungen im Kopf und verstand es, das Gespräch auf bestimmte Themen zu bringen, bei welchen er diese Bemerkungen absetzen konnte. Er begann mit der Schlankheitssucht.

„Meine Frau hat eine Kneippkur gemacht“, fiel Weber prompt darauf herein, „und hat zehn Kilo abgenommen. Vor zwei Monaten war sie so stark, daß sie kaum ihre Füße sehen konnte, und heute kann sie die Zehenspitzen berühren, ohne die Knie abzubiegen.“

„Das ist gar nichts", meinte Elman. „Meine Frau hat neulich den *Boden* berührt, ohne die Knie abzubiegen."

„Wie hat sie das gemacht?" fragte Weber.

„Aus dem Bett ist sie gefallen." Großes Gelächter. Elman brachte das Gespräch auf die heutige Angestelltenmisere. „Ich habe eine Sekretärin", klagte Wimmer, „zwölftausend Schilling Gehalt, dabei kann sie nicht einmal einen Brief schreiben."

„Was wollen Sie", meinte Elman. „Der Präsident unserer Gesellschaft hat eine Französischkorrespondentin mit Spitzengehalt - das Mädchen kann nicht einmal ‚oui' sagen."

„Warum behält er sie dann?"

„Weil sie auch nicht ‚non' sagen kann." Wieder Gelächter.

„Einer meiner Freunde", erzählte Spannagl, „hat vor kurzem geheiratet und ist gar nicht glücklich."

„Ich", hakte Elman ein, „hatte vor kurzem ein blaues Auge. Einer meiner Freunde kam von der Hochzeitsreise zurück."

„Und?" erkundigte sich Spannagl. „Wie paßt das zu Ihrem blauen Auge?"

„Ich hatte ihm geraten zu heiraten." Wieder Gelächter. Frau Spannagl schaltete den Plattenspieler ein. Es wurde getanzt. Elman tanzte mit Lisa Wimmer. „Welch kleine Hand Sie haben", flüsterte er charmant, „lassen Sie mich sehen." Er betrachtete ihre Handfläche. „Sie können Handlesen?" fragte Lisa. „Nein, nein", beteuerte Elman. „Doch!" Lisa blieb dabei. „Kommen Sie! Gehen wir ins Nebenzimmer." Er folgte ihr, wenn auch widerstrebend.

Sie gingen ins Nebenzimmer und setzten sich auf eine Couch. Lisa hielt ihm ihre Hand hin. „Jetzt lesen Sie!" sagte sie befehlend. „Ich sage Ihnen nochmals, gnädige Frau ... " „Lesen Sie! Ich weiß, daß Sie es können. Sie können alles. Also?"

„Also!" schickte Elman sich humorvoll in sein Los. Er prüfte lächelnd ihre Handlinien, plötzlich wurde er ernst.

„Was sehen Sie?" fragte Lisa.

„Ich weiß nicht, ob ich es Ihnen sagen soll ... "

„Reden Sie ungeniert. Werde ich krank werden? Sterben?"

„Nein, nein. Es ist etwas anderes. Sie haben einen Geliebten. Ich rate Ihnen, vorsichtig zu sein. Ihr Mann ahnt bereits etwas. Er würde sich scheiden lassen." Lisa wurde blaß. Die Tür öffnete sich - Roberta Weber, Gerda Färber und Trude Spannagl traten ein.

„Was macht ihr da?“ fragte Trude. „Sie können Handlesen? Bitte, mir auch!“

„Mir auch!“ baten die beiden andern.

„Also gut“, sagte Elman, „aber nacheinander. Immer nur *eine* Dame.“ Trude setzte sich zu ihm, die andern verließen das Zimmer.

Elman nahm ihre Hand. „Ich weiß, daß Sie eine Tochter haben ... Ihr Mann hat es mir erzählt ... sie ist sehr jung ... ist sie verheiratet?“

„Noch nicht ... “

„Ich sehe da einen kleinen Punkt. Ihre Tochter bekommt ein Kind.“

„Nein!“ Trude sprang erschrocken auf. „Verzeihung!“ Sie lief aus dem Zimmer. Nun kam Roberta dran. „Achten Sie auf Ihre beste Freundin“, warnte Elman sie. Und Gerda: „Achten Sie auf Ihre beste Freundin.“ Die beste Freundin Robertas war Gerda, die beste Freundin Gerdas Roberta.

Nun kamen die Herren: „Lesen Sie uns auch aus der Hand!“

Elman nahm Wimmer als ersten dran. „Sie haben eine Geliebte“, sagte er ihm. „Seien Sie vorsichtig. Ihre Frau ahnt bereits etwas. Sie würde sich scheiden lassen.“ Wimmer wurde bleich. „Herr Spannagl, Sie werden in Konkurs gehen.“ „Herr Weber, achten Sie auf Ihren besten Freund.“ „Herr Färber, achten Sie auf Ihren besten Freund.“ Der beste Freund Webers war Färber, der beste Freund Färbers Weber.

Die Stimmung war auf den Nullpunkt gesunken. Nach einer knappen halben Stunde in gespannter Atmosphäre ging man auseinander.

Als Elman nach einem Jahr wieder nach Wien kam, war alles eingetroffen, was er vorausgesagt hatte. Spannagl war in Konkurs gegangen, seine und Trudes Tochter hatte ein Kind bekommen, Wimmer und Frau waren geschieden, Weber hatte auf seinen besten Freund geachtet und war dahintergekommen, daß Färber ein Verhältnis mit seiner Frau hatte, Färber hingegen hatte auf *seinen* besten Freund geachtet und hatte von der Liebschaft Webers mit Gerda erfahren. Auch hier Scheidung. Weber hatte Gerda Färber, Färber Roberta Weber geheiratet.

Und die Pointe von der Geschichte? Elman konnte gar nicht Handlesen.

Joseph und Potiphar

Aus schlechten Schülern können bedeutende Männer werden – aus bedeutenden Männern niemals schlechte Schüler. Sie werden sich fragen, lieber Leser, schöne Leserin, wie diese Weisheit zu der nachfolgenden Geschichte paßt, aber glauben Sie, sie paßt dazu – wenn diese auch heißt: Joseph und Potiphar.

Nach der Meinung ihrer Lehrer waren die Schüler: Einstein gelangweilt, Churchill faul, Edison zerstreut und Picasso desinteressiert. Mein Neffe Ladi, zur Zeit in der diese Begebenheit spielt 14, war bloß dumm.

Das Gymnasium, das Ladi besuchte, bereitete eine Jahresschlußfeier vor, aus welchem Anlaß auch ein Theaterstück gespielt werden sollte, und dieses Theaterstück sollten die Schüler verfassen. Die Lehrerschaft wählte - o Wunder in der heutigen Zeit - ein biblisches Thema und zwar: Joseph und Potiphar. Jeder der Schüler sollte versuchen, aus der bekannten Geschichte von der erotischen Frau Potiphar und dem keuschen Joseph ein Bühnenwerk zu schreiben, das beste werde man aussuchen und zur Aufführung bringen.

Ladi war ratlos. Er erkundigte sich bei seinem um zwei Jahre älteren Freund Tommy, wie das so zuginge bei einer Verführung. Tommy meinte, das wäre lächerlich, so etwas gebe es heute nicht mehr; wenn man mit einem Mädchen aus der Diskothek kommt, fragt man sie: „Trinken wir noch ein Cola?“, sie fragt: „Vorher oder nachher?“, und die Sache ist geritzt.

Ladi horcht herum. Er hört, was seine Mutter mit ihren Freundinnen Mela Robinson und Vera Wronsky spricht. Wovon sprechen sie? Vom Kochen, vom Personal, das immer schlechter wird, von den sozialen Abgaben, die sie für ihre Hausangestellten zu leisten haben, von der Gewerkschaft, von diversen Partys - und dann von ihren Bekannten. Vor allem von

Frau Spannagl, deren Mann ein Trottel ist, weil er nicht weiß, daß das Auto, welches seine Frau angeblich von ihrem Vater bekommen hat, von dem reichen Kommerzialrat Fichtl stammt, und er nicht sieht, daß sie dem neuen Reisenden, den er eingestellt hat, nachläuft und alle Anstrengungen macht, ihn zu verführen, daß aber dieser anscheinend nichts davon wissen will.

Verführen! Jetzt weiß Ladi, was er zu schreiben hat. Er überträgt einfach alles ins Altägyptische. Er erkundigte sich bei mir noch wegen des technischen Problems. *Wie* man ein Theaterstück schreibt, was die Regiebemerkungen betrifft usw. Ich war dann längere Zeit nicht in Wien – als ich zurückkam, war bereits alles entschieden. Trotzdem las ich das Manuskript, das ich von Ladis Mutter bekam, mit großem Interesse. Nachstehend finden Sie die ungekürzte Ausgabe des Werkes, Copyright by Ladi Goldmann, alle Rechte vorbehalten.

Joseph und Potiphar

Personen:
Hauptmann Potiphar
Frau Potiphar
Amneris } ihre Freundinnen
Semiramis }
Joseph aus Kanaan
Nebukadnezar, Sklavenhändler
Rhamses, Sklave bei Potiphar

(Spielt im alten Ägypten, im Wohnzimmer der Fau Potiphar. Tischchen mit Hockern, Ruhebett usw. AMNERIS und SEMIRAMIS sind auf der Szene)

Amneris:	Ich muß gehen. Mein Mann kommt nach Hause, und das Essen ist nicht fertig. Gebratener Ibis mit Sonnenblumenkernen.
Semiramis:	Haben Sie keine Küchensklavin?
Amneris:	Die hat heute ihren freien Tag.
Semiramis:	Seien Sie froh, daß Sie überhaupt eine haben. Diese modernen Sklavinnen haben doch von nichts eine Ahnung! Meine, zum Beispiel, läßt die Frühstückseier immer hart kochen. Fünf Minuten! Ihre auch?

Amneris: Bei uns ist noch gar keine so lang geblieben.

Semiramis: Unsere Freundin Potiphar hat auch Pech mit dem Personal. Ihr Lieblingssklave Rhamses ist ein richtiger Gewerkschaftler.

Rhamses: (tritt auf)
Freundschaft, meine Damen!

Amneris: Isis zum Gruß, Rhamses! Sie sehen abgespannt aus.

Rhamses: Kein Wunder. Mir hat vor ein paar Nächten vom Arbeiten geträumt - seither trau' ich mich nicht mehr einzuschlafen.

Amneris: (mit Absicht)
Diese vielen Parties hier im Haus. (aushorchend) Stimmt es, was man sich von Ihrer Herrin und dem Kommerzialrat Rhadames erzählt?

Rhamses: Ich habe nichts gesagt.

Semiramis: Das Nilboot, das sie hat, soll von ihm sein.

Rhamses: Ich habe nichts gesagt.

Amneris: Was sagt denn da ihr Gatte, der Hauptmann Potiphar, dazu?

Semiramis: Der muß doch schweigen. Alles, was er hat, hat er von ihren Freunden.

Rhamses: (kichert)
Sogar die Kinder. (schnell) Ich habe nichts gesagt!

Amneris: (versucht ihn zu umgarnen)
Sie wüßten sicher manches zu erzählen. Kommen Sie zu mir, ich kaufe Sie frei.

Semiramis: Kommen Sie lieber zu mir! Ich brauche schon seit langem einen Sklaven, der die Hausarbeit macht, das Geschirr spült, der keine Antwort gibt, wenn ich ihm etwas sage - -

Rhamses: Sie brauchen keinen Sklaven, Sie brauchen einen Mann. Ich bleibe hier, vorausgesetzt, daß meine Bedingungen erfüllt werden. Ich brauche eine Hilfskraft. Ich habe bereits mit dem Chef gesprochen, und er hat sofort einen Papyrus an den Nebukadnezar Nowatschek geschrieben. Das ist der beste Sklavenhändler von Ägypten. Wenn *der* nichts hat, hat keiner etwas. Allein ist die Arbeit nicht mehr zu bewältigen. Jede Nacht Besuche --

Amneris: (schnell einhakend)
Wie Herr Rhadames --

Rhamses: Ich habe nichts gesagt.

Semiramis: Er schätzt Ihre Herrin wohl sehr?

Rhamses: Ungemein. Neulich sagte er, wenn unsere Chefin nicht wäre, würde er niemals das werden, was er bald sein wird.

Semiramis: Was wird er bald sein?

Rhamses: Pleite. Ich warte noch einige Tage - wenn bis dahin kein zweiter Sklave kommt, fragen Sie wieder bei mir an. So ist es nicht mehr zu machen. Sie werden sehen - gleich wird mich wieder einer rufen.

Potiphar: (hinter der Szene)
Rhamses! Rhamses!

Rhamses: Da ham S' es!

Potiphar: (ägyptischer Hauptmann, tritt ein)
Isis zum Gruß, meine Damen! (zu Rhamses) Wo ist mein Säbel, Rhamses? Ich suche ihn schon den ganzen Vormittag!

Rhamses: Was weiß denn ich, Herr Chef? Am Morgen habe ich noch damit Erdäpfel geschält.

Potiphar: (aufgebracht)
Mit meinem Säbel? Mit dem ich gegen die Assyrer und Perser gekämpft habe? Sofort bringen Sie mir den Säbel oder --

Rhamses: Jetzt geht es nicht, Herr Chef, jetzt habe ich Mittagspause.

Potiphar: Gehen Sie!!

Rhamses: Ja, ja! (schnell ab)

Amneris: Wo steckt denn unsere Freundin?

Potiphar: Die Poti? Die läßt sich salben. Es ist gestern etwas spät geworden - da läßt sie sich am nächsten Tag immer das Gesicht aufbügeln.

Semiramis: Wo waren Sie denn gestern?

Potiphar: Bei Kommerzialrat Rhadames. Ich sage Ihnen, meine Damen - ein Büffet! Jetzt weiß ich, warum man von den „Fleischtöpfen Ägyptens“ spricht. Die feinsten Delikatessen! Nilpferdefleisch, Krokodilschnitzel in Wüstensand paniert, Kobrafilets, Elefantensulz - ich habe leider ein Natternsteak gegessen, und ich vertrage den Schlangenfraß nicht. Mir ist so schlecht geworden …

Amneris: Da hat Sie Ihre Gattin sicher gleich nach Hause gebracht …

Potiphar: Das denken *Sie!* Zu ihrer Schneiderin hat sie mich geschleppt! Mitten in der Nacht!

Semiramis: Wozu?

Potiphar: Damit sie sich meine Wangen anschaut. Sie wollte schon lange ein Kleid in so einem zarten Grün haben.

Amneris: (plötzlich)
Ich muß gehen!

Semiramis: Ich auch! Auf Wiedersehen, Hauptmann!

Potiphar: Auf Wiedersehen!
(die beiden Damen gehen ab. Frau Potiphar tritt auf)

Potiphar: Da bist du ja, Poti! So lange warst du in der Salbei?

Fr. Potiphar: Bist du vielleicht eifersüchtig?

Potiphar: Laß den geringschätzigen Ton und sei froh, daß du mich hast. Heute steht in der Zeitung, daß bei dem herrschenden Frauenüberschuß auf zwei Frauen nur eineinhalb Männer kommen.

Fr. Potiphar: Da habe *ich* den halben erwischt.

Potiphar: (wütend)
So! Bin ich dir vielleicht nicht männlich genug? Dann werde ich dir gleich sagen, daß mir die Geschichte mit dem Rhadames nicht mehr paßt!

Fr. Potiphar: (verträumt)
Sieht er nicht gut aus?

Potiphar: Kunststück! Er zieht sich immer so elegant an.

Fr.Potiphar: Und so schnell … (erschrickt) Ich meine - -

Potiphar: Ich weiß, was du meinst!

Fr. Potiphar: Als Ehemann muß man ein Auge zudrücken können.

Potiphar: Das kann ich! Aber mit dem andern sehe ich immer noch genug! (lenkt ein) Poti! Bin ich dir nicht immer ein hingebender Gatte gewesen?

Fr. Potiphar: Ein hingebender genügt mir nicht - ich brauche einen hergebenden. Ich muß repräsentieren. Oder soll ich heute zur Orgie wieder das schwarze Kleid anziehen?

Potiphar: Heute ist schon wieder Orgie? Ich bin noch müde von gestern.

Fr. Potiphar: Du brauchst ja nicht mitzukommen. Rhadames holt mich mit seinem Pferdewagen ab. Wir werden in einem Motel übernachten.

Potiphar: (außer sich)
In einem Motel? (mit drohend erhobener Faust) *Mure!*

Rhamses: (stürzt herein)
Der Sklavenhändler ist da! Er bringt einen Burschen!

Fr. Potiphar: Wie sieht er aus?

Rhamses: Er wird Ihnen gefallen. (zu Potiphar, hastig) Ich habe nichts gesagt!

Nebukadnezar: (tritt auf)
Isis zum Gruß, großer Hauptmann! Ich bringe Euch den bestellten Sklaven.

Potiphar: Er soll hereinkommen.

Fr. Potiphar: Noch nicht. Ich muß mich erst schönmachen.

Potiphar: Willst du ihm gefallen?

Fr. Potiphar: Keine Angst! Ich bin eine Frau, die auf den Ruf achtet. (Sie verläßt das Gemach)

Rhamses: Aber auf jeden Ruf!

Potiphar: Was?!?

Rhamses: Ich habe nichts gesagt!

Nebukadnezar: (ruft hinaus)
Komm herein, Joseph!
(Joseph, sehr verschämt, einen kurzen Mantel umgehängt, tritt ein)

Joseph: Guten Morgen!

Potiphar: (enttäuscht)
Das ist er?

Nebukadnezar: Eine Okkasion! Die Ware müssen Sie sich anschauen! Die Muskeln, die Schenkeln, das Gebiß! (befühlt Joseph und reißt ihm den Mund auf)

Rhamses: (schaut mit den beiden andern in Josephs Mund) Da hat er eine Plombe! (steckt Joseph den Finger in den Mund, Joseph beißt zu) Au! Ich habe nichts gesagt!

Potiphar: Was soll der kosten?

Nebukadnezar: Zehn Krokodilhäute.

Potiphar: Diese Mißgeburt? Schauen Sie sich die Plattfüße an! So etwas bekomme ich bei Abd el Polatschek für fünf Lammfelle.

Nebukadnezar: Warum kaufen Sie dann Ihre Sklaven nicht bei Polatschek?

Potiphar: Weil er keine hat.

Nebukadnezar: Wenn *ich* keine habe, verkaufe ich sie um *drei* Lammfelle. Sie müssen ihn bei Tageslicht sehen. Das ist importierte Ware aus Kanaan.

Potiphar: Zehn Krokodilhäute sind mir zuviel. Wenn Sie *acht* Krokodilhäute verlangen würden --

Nebukadnezar: Meinetwegen.

Potiphar: Wäre er mir auch noch zu teuer. Wenn Sie auf *sechs* gehen --

Nebukadnezar: Einverstanden.

Potiphar: Ist es noch immer nicht zu machen. Wenn ich Ihnen aber *vier* biete --

Nebukadnezar: Gut.

Potiphar: - und Sie mir zwei nachlassen - sage ich: *eine* bezahle ich.

Nebukadnezar: In Ordnung.

Potiphar: Allerdings muß ich ihn erst meiner Frau zeigen. (Joseph erschrickt, will weg, die drei halten ihn zurück) Was hat er?

Nebukadnezar: Er ist so keusch.

Rhamses: Das wird er sich bei uns abgewöhnen! (schnell) Ich habe nichts gesagt!

Fr. Potiphar: (kommt zurück, bleibt beim Anblick Josephs überrascht stehen) Der neue Sklave? Er ist schön!

Nebukadnezar:	Und die Qualität! Den müssen Sie angreifen! (Joseph erschrickt, will fort, wird wieder zurückgehalten)
Fr. Potiphar:	Er ist gekauft. Man melde ihn sofort bei der Krankenkasse an. Laßt mich mit ihm allein!
Rhamses:	(leise zu Joseph) Jetzt mußt du gescheit sein! Überstunden, Orgienzulage …
Fr. Potiphar:	Geht!
Nebukadnezar:	Wo bekomme ich meine Krokodilhaut?
Potiphar:	Kommen Sie mit mir, ich gebe Ihnen einen Scheck auf die Sandbank! (Mit Nebukadnezar und Rhamses ab)
Fr. Potiphar:	(betrachtet Joseph wohlgefällig) Wie heißt du?
Joseph:	(verschämt) Joseph.
Fr. Potiphar:	Du bist kein Ägypter?
Joseph:	Nein, ich komme aus Kanaan. Mein Vater ist Jakob - von der Firma Jakob & Söhne, Felle und Rauhwaren en gros.
Fr. Potiphar:	Willst du nicht deinen Mantel ablegen, Joseph?
Joseph:	Nein.
Fr. Potiphar:	Warum nicht?
Joseph:	Es könnte mir kühl werden.
Fr. Potiphar:	Du bist zum ersten Mal in unserem Land. Hast du den Nil gesehen? Die Sphinx? Die Pyramiden?
Joseph:	Alles.
Fr. Potiphar:	Und was hat den größten Eindruck auf dich gemacht?
Joseph:	Die Wüste.
Fr. Potiphar:	Ihre Glut strömt Sinnlichkeit aus. Fühlst du das auch?
Joseph:	Nein.
Fr. Potiphar:	Was denn dachtest du bei ihrem Anblick?
Joseph:	Was das für ein herrlicher Parkplatz wäre.
Fr. Potiphar:	(hat auf dem Ruhebett Platz genommen) Setz' dich zu mir, Joseph!
Joseph:	Danke, ich stehe lieber.

Fr. Potiphar: Warst du immer so schüchtern?

Joseph: Immer. Deshalb hatte mich mein Papa am liebsten von allen meinen Brüdern. Und weil er mir diesen Mantel gekauft hat, haben sie mich aus Neid in eine tiefe Grube geworfen. Dort hat mich der böse Sklavenhändler gefunden.

Fr. Potiphar: Wie viele Brüder hast du?

Joseph: Elf.

Fr. Potiphar: Schrecklich! Wie konnte dein Vater zwölf Söhne haben?

Joseph: Kennen Sie Kanaan?

Fr. Potiphar: Nein.

Joseph: Dort kann man bei Nacht nichts anderes machen.

Fr. Potiphar: Leg' deinen Mantel ab, Joseph!

Joseph: Nein!

Fr. Potiphar: Leg' deinen Mantel ab! Ich schenke mich dir!

Joseph: Ich lasse mir nichts schenken!

Fr. Potiphar: Liebe ist keine Sünde, Joseph! Alle tun es! Die Mädchen, die Buben, die Damen, die Könige –

Joseph: Die Asse tun es nicht!

Fr. Potiphar: Joseph! Führe mich in die Wüste der Leidenschaft!

Joseph: Was bin ich? Ein Kamel?

Fr. Potiphar: Leg' deinen Mantel ab, Joseph! Komm! Komm! (Sie zieht ihn zu sich, Potiphar tritt auf)

Potiphar: Ha! Meine Frau und der neue Sklave?! (Joseph will fliehen, Frau Potiphar hält ihn zurück)

Fr. Potiphar: Hab keine Angst, Joseph, es ist nur mein Mann! (leidenschaftlich) Ich werde die ganze Nacht auf meinem Zimmer sein, Joseph! Und du?

Joseph: Ich auch!

(Der Vorhang fällt)

Von seinem Lehrer bekam Ladi einen Verweis, von seinem Vater eine Ohrfeige. Ich verkaufte das Manuskript dem Fernsehen für eine Parodiensendung. Das Honorar, das ich dafür bekam, legte ich, zugunsten Ladis, auf ein Sparbuch.

Es ist nicht das erste Mal, daß in Österreich ein Genie verkannt wurde.

Arbeitszeitverkürzung

„Wenn auf Erden niemand mehr gezwungen wäre, mehr als vier Stunden täglich zu arbeiten, würde jeder Wißbegierige seinen wissenschaftlichen Neigungen nachgehen und jeder Maler malen können, ohne dabei zu verhungern – und wenn seine Bilder noch so gut wären."

Diese Behauptung stammt nicht von mir, sondern von Betrand Russel. Russel irrt. Es ist nicht immer gut, zuviel Freizeit zu haben.

Das beweist die folgende Satire: Arbeitszeitverkürzung.

Schlendrien an der Ruhe ist ein kleines, aber fortschrittliches Land. Trotz seiner geringen Einwohnerzahl blickt es mit einer gewissen Arroganz auf all die großen Nationen, einschließlich der Supermächte, in welchen die Werktätigen noch heute gezwungen werden, vierzig Stunden in der Woche zu arbeiten. Schlendrien hat, dank seiner starken Gewerkschaften, diese Zeit hinter sich.

Natürlich gab es auch hier eine Epoche, in der die Menschen vom frühen Morgen bis in die späte Nacht hinein roboten mußten, bis endlich der Fortschritt über sie hereinbrach. Nach der 48-Stundenwoche kam die 45-Stundenwoche, nach der 45-Stundenwoche die 40-Stundenwoche, nach der 40-Stundenwoche die 35-Stundenwoche – und nun war man endlich bei der 28-Stundenwoche angelangt. Und nicht nur das. Die 28-Stundenwoche, die im Schlendrianischen Parlament, trotz großer Bedenken seitens der Wirtschaft, mit einiger Mehrheit durchgeboxt worden war, sollte nicht nur für Arbeitnehmer, sondern auch für die Arbeitgeber gelten. Alle sollten in den Genuß der sozialen Gerechtigkeit kommen. „Dynamische Direktoren", hieß es im Gesetz, „flexible Manager, überlaufene Ärzte, vielbegehrte Künstler und Stardirigenten – alle müssen nach achtundzwanzig Arbeitsstunden genauso in die Freizeit gehen wie Arbeiter und Angestellte." Nun gehören die Arbeitnehmer zu den Menschen, die die Arbeit nehmen, die sie aber selten so ernst nehmen, wie es die Arbeitgeber tun. Diese geben zwar die Arbeit, nehmen sich aber davon selbst soviel, daß sie mehr Arbeit haben als die Arbeitnehmer.

Außerdem gibt es zwischen Arbeitgebern und Arbeitnehmern einen großen Unterschied. Arbeitgeber sind Menschen, die ohne Arbeit nicht leben könnten, während die Arbeitnehmer sehr gut ohne Arbeit leben könnten, wenn sie nicht von der Arbeit leben müßten. Die Arbeitnehmer bejubelten daher das neue Gesetz - sie ahnten noch nicht, wie viele Satansschlingen in den hochgeschossenen Bäumen ihres Freizeitparadieses auf sie lauerten. Die einen suchten sofort nach einem Zweit- oder Dritthobby, andere stürzten sich in neue Sportarten, die Häuschenbauer benutzten die vermehrte Freizeit, um auf Schlösser umzuplanen, und die Bastler bastelten sich Gebrauchsgegenstände vom Radio ohne Ton bis zum Fernsehapparat ohne Bild.

Anders die Arbeitgeber. Sie fanden sich mit dem aufgezwungenen Freizeitschicksal nicht ab. Der Großteil ignorierte das Gesetz und schuftete weiter. Aber Regierung und Gewerkschaften von Schlendrien kannten auf diesem Gebiet keinen Spaß. Sprachen sie ansonsten vom „humanen Strafvollzug", soweit es Diebe und andere Verbrechen betraf - den Freizeitschändern, wie sie in den Paragraphen des neuen Gesetzes hießen, wurde kein Pardon gegeben. Für sie waren langjährige Strafen in feuchten Verliesen vorgesehen, Aberkennung der bürgerlichen Freiheiten inklusive Entzug des Wahlrechts, aber die Arbeitgeber ließen sich nicht in die Knie zwingen. In abgelegenen und fest versperrten Räumen, in dunklen Kellergewölben, tief drinnen in unzugänglichen Wäldern und Höhlen frönten sie ihrer Arbeitslust. Als dieser Frevel ruchbar wurde, schrien die Hüter der Freizeit nach noch grausameren Strafen. Manche erinnerten sich an die gute, alte Inquisition. Sie forderten die Einsetzung eines Großinquisitors der Freizeit, der mit Folter und Scheiterhaufen gegen die verstockten Arbeitstiere vorgehen sollte. Mildere Freizeitfanatiker plädierten für das Abhakken der Hände, und schließlich einigte man sich auf Konzentrationslager, in welchen unter der Aufsicht brutaler Kapos überhaupt nicht gearbeitet werden durfte. Nicht einmal achtundzwanzig Stunden in der Woche. Zur genauen Überwachung des

Freizeitgesetzes wurde ein raffiniertes Spitzelsystem aufgezogen. Die Denunziation blühte. Kaum machte jemand nach der vorgeschriebenen Arbeitszeit noch einen Handgriff, mußte er schon befürchten, angezeigt und eingesperrt zu werden. So blieb den Arbeitgebern und Freizeitberuflern nichts anderes übrig, als sich ebenfalls Hobbys zuzulegen. Sie waren die einzigen und erlaubten Ventile, in denen sie den Dampf ihrer Arbeitswut ablassen konnten.

Die Direktoren und Manager stürzten sich ins Vereinswesen. Sie wurden in kürzester Zeit Präsidenten, Obmänner und Vorstandsmitglieder von Kleingärten-, Obst-, Bienen- und Hasenzüchtervereinen. Im Handumdrehen machten sie aus Kleintierzüchtern Großtierzüchter und aus versonnenen Imkern Honigmultis. Sie fusionierten Briefmarkensammler mit Bierdeckelsammlern, Trinkervereine mit Abstinenzlervereinen, Schrebergärtner mit Kindergärtnerinnen. Die alteingesessenen Vereinslokale, meistens in Extrazimmern von biederen Gasthäusern angesiedelt, wurden ihnen bald zu klein. Riesige Wolkenkratzer mußten her, von Hobbyhandwerkern gebaut, da ja die offiziell gestattete Arbeitszeit nicht ausgereicht hätte, um die Marmorpaläste der Vereine zu errichten. Auch die Politiker von Schlendrien, die gewohnt waren, fast rund um die Uhr Sitzungen mit Arbeitsessen abzuhalten, Alternativen zu setzen und bessere Zukünfte zu versprechen, waren im Zuge des Privilegienabbaues strikte an die achtundzwanzig Stunden Arbeitszeit gebunden. Sie wanderten ebenfalls in Vereine und Verbände ab, hielten zündende Reden, versahen Trachtenvereine mit neuen Parolen und versprachen die triste Lage der Schnürlregenwürmersammler zu verbessern. Berühmte Ärzte, die in Spitälern gewirkt und nebenbei noch eine Praxis besessen hatten, tauchten in freiwilligen Samariterbünden sowie in Gesundheits- bzw. Schlankheitsvereinen wieder auf, Rechtsanwälte von Ruf, die früher nächtelang über ihren Prozessen gebrütet hatten, nisteten sich in allen möglichen Winkeln ein und hielten Hobbyrechtskurse oder veranstalteten mit berühmten Schauspielern auf freien Plätzen, bei Schlechtwetter in Sälen, Schauprozesse. Gefeierte Dirigenten von kosmischer Bedeutung, die früher überhaupt keine Arbeitszeit gekannt hatten und jetzt daran gekettet waren, gründeten mit ihren Philharmonikern Straßenbands, legten sich Opernstars zu, die einmal unbezahlbar gewesen waren, und konzertierten als Hobbymusikanten in Fußgängerzonen, während Primaballerinen und Solotänzer in Schuhplattlergruppen Verwendung fanden und deren Niveau in heterogene Sphären hoben. Am tollsten trieben es aber die Wirtschafts- und Finanzfachleute. Sie organisierten in den unüberschaubar gewordenen Freizeitzentren Hobbykurse für Buchhaltung und Steuerrecht und brachten damit den Schlendrianischen Staat um Milliarden.

Das Hobbywesen, zum wesentlichen Betätigungsfeld der Arbeitgeber und Freiberufler geworden, hatte ein solches Ausmaß angenommen, daß man Tag und Nacht auf den Beinen sein mußte, um alle Möglichkeiten ausschöpfen zu können. Die Arbeitnehmer hingegen wußten mit ihrer Freizeit bald nichts mehr anzufangen. Die Angestellten des Schlendrianischen Rundfunks und Fernsehens SRF arbeiteten ja auch nur noch achtundzwanzig Stunden in der Woche, ebenso die Gast- und Kaffeehäuser, die Theater und Kinos. Am Abend saß man zu Hause bei Kerzenlicht - die Elektrizitätsgesellschaft schaltete nach der vorgeschriebenen Arbeitszeit erbarmungslos ab. Die Arbeitnehmer, die anfangs so gejubelt hatten, blieben langsam auf der Strecke. Die Zweit- oder Dritthobbys wie Golf, Drachenfliegen, Windsurfing usw. lagen ihnen schwer in der Tasche. Die Villen und Schlösser, die sie sich in ihrer langen Freizeit gebaut hatten, verschlangen Unsummen an Betriebs- und Erhaltungskosten. Auch von der versprochenen Ichfindung in der Freizeit hatten sie genug. Sie griffen zu Nikotin und Alkohol, und der Gruppensex feierte fröhliche Urständ. Von dem ewigen Freizeitrummel ausgelaugt, kamen sie kaputt zur Arbeit, aber die kurze Arbeitszeit reichte zu einer echten Verschnaufpause nicht mehr aus. Die Arbeitnehmer schrien vehement nach einer spürbaren Arbeitszeitverlängerung, aber jetzt waren die Arbeitgeber und Freiberufler dagegen. Im Gegenteil, sie wollten eine weitere Verkürzung der Arbeitszeit, um mehr Muße für ihre einträgliche Hobbytätigkeit zu haben. Nun zogen die Arbeitnehmer die letzte Konsequenz. Sie streikten und gingen auf die Straße. Auf ihren Transparenten stand: „Wir verlangen eine Verlängerung der Arbeitszeit!", „Nieder mit der 28-Stundenwoche!" und „Wer ist schuld daran? Die Radfahrer!"

Die Regierung trat zurück, und das neue Kabinett verabschiedete als erstes Gesetz die Rückkehr zur 48-Stundenwoche, mit dem im geheimen geplanten Vorsatz, diese später auf fünfundvierzig und noch später auf vierzig Stunden herabzusetzen. Das sollte die unterste Grenze sein. In Schlendrien kehrten wieder Ruhe und Ordnung ein, man arbeitete wieder, freute sich wieder auf den Sonntag und sprach mit Grauen von den schrecklichen Tagen der Freizeit.

Wir Menschen haben ein Recht auf Arbeit. Leider gibt es noch immer viele unter uns, die nicht rechthaberisch sind.

Zusatzstrophen

Um heutzutage leben zu können, muß ein Autor alles schreiben, was man von ihm verlangt. Romane, Satiren, Lust- und Trauerspiele, Werbetexte, Verse für Geburtstagstorten und - was das Schlimmste ist - Zusatzstrophen.

Es gibt noch Schauspieler, die über den Text ihrer Rolle nachdenken. Sie „legen eine Figur an“, sie „fassen sie auf“, sie „erarbeiten“ sie.

So auch der berühmte Mime - den Namen nenne ich nicht -, der nach Wien gekommen war, um hier zu gastieren. Als König Lear, als Nathan, und als Fortunatus Wurzel in Raimunds Zaubermärchen „Der Bauer als Millionär“. So weitgespannt war sein Bogen. Zu Raimunds Lebzeiten hatte der Dichter selbst diesen Wurzel gespielt, der im letzten Akt, nach Verlust von Jugend und Vermögen, als greiser Aschenmann auf der Bühne erscheint und das berühmte Couplet singt: „An Aschen, an Aschen!“ (Zum besseren Verständnis für meine Leser in der BRD: „Eine Asche, eine Asche“ oder sinngemäß übersetzt: „Alles nur Asche!“, was bedeutet, daß alles Irdische vergänglich ist, was besagen will, daß Glück und Glas leicht zerbrechlich sind, was heißt, daß des Lebens Mai nur einmal blüht, was auf den Tag hinweist, den man nicht vor dem Abend loben soll, was ausdrückt, wie rasch der Tod den Menschen antritt, oder - wie Raimund sagt - „An Aschen, an Aschen!“ Aber davon sind wir ja ausgegangen.) Was oben erwähnter Aschenmann mit dem anorganischen Verbrennungsrückstand organischer Stoffe unternehmen will, weiß ich nicht, da ja Kohlenasche Eisenoxyd, Tone und Sulfate enthält und daher nicht einmal als Düngemittel zu gebrauchen ist. Wozu also die Figur des Aschenmannes?

Diese Frage beschäftigte mich. Ich widmete einige Jahre meines Lebens der Raimundforschung, und es gelang mir, diesem Mysterium auf die Spur zu kommen. Raimund hatte das Couplet in der Schreibtischlade liegen, er wollte es unbedingt singen, also erfand er den Aschenmann und schrieb erst später, um den Aschenmann herum, den „Bauer als Millionär". Ich bin der einzige Raimundforscher, der die Ferdinand-Raimund-Plakette erhielt und sie wieder zurückgeben mußte, weil andere Raimundforscher mich für wahnsinnig erklärten. Neid. Aber zurück zum Aschenmann. Das Couplet gefiel, es wurde ein Hit, Raimund versah es mit immer neuen Zugabestrophen, was sich an Generationen von Autoren rächen sollte, weil noch heute jeder Darsteller des Fortunatus Wurzel Zusatzstrophen verlangt, die natürlich geschrieben werden müssen. Und da ich in Fachkreisen als bekannter Zusatzstrophenschreiber gelte, rief mich der berühmte Schauspieler an, und wir trafen uns am selben Nachmittag im Kaffeehaus.

„Mach es nicht", warnte meine Frau mich noch vorher. „Du hast genug zu tun, du wirst nur Ärger damit haben."

„Ich mach es nicht", versprach ich und beschloß, es dennoch zu machen. Sie mußte es ja nicht wissen. Es war auch nicht des Geldes wegen, in diesem Fall ging es mir um die Ehre.

„Ich brauche nur eine einzige Strophe", sagte der berühmte Schauspieler, „und die wird Ihnen keine Schwierigkeiten machen, weil ich bereits eine Idee habe. Ich höre von der Unsicherheit, die nachts in den Straßen herrscht. Das wäre doch ein Thema - oder?" Er lachte mit jenem Mimelachen, welches die Pflicht hat, ein Parkett und vier Galerien zu füllen. Für das kleine Café, in dem wir uns befanden, war es zu kräftig. Einem hinter mir sitzenden Herrn wehte es die Perücke vom Kopf und hinauf auf den Kronleuchter. Dazu schlug mich der berühmte Schauspieler, ein Hüne von einem Mann, mit der Pranke auf den Schenkel, daß meine seit langem ruhende Arthritis erwachte, sich die Augen rieb und wie ein eben wahnsinnig gewordener Zahnarzt zu bohren begann. Ich heulte auf, der berühmte Schauspieler hielt das für ein Lachen und sagte: „Ich wußte, daß es Ihnen gefallen wird!" Ich bin kein schlechter Mensch, aber in jenem Augenblick wünschte ich, daß er sich in einen Tausendfüßler verwandeln möge, und zwar in einen, der auf jedem Fuß ein Hühnerauge hat. Ich schlich nach Hause, verstimmt, verbittert, mit einem völlig neuen Arthritisgefühl. Hoffentlich erfährt es meine Frau nicht.

„Hingefallen!“ sagte sie, als sie mich sah. „Das kann nur dir passieren!“

Da ich gegen den Ausdruck „Das kann nur dir passieren“ allergisch bin, sagte ich: „Das kann nicht nur mir passieren, das kann jedem passieren! Dir, deiner Mutter, deinem Vater! Außerdem bin ich nicht hingefallen, sondern von einem LKW gestreift worden.“ Ich zeigte ihr einen blauen Bluterguß.

„Das werden wir gleich haben“, sagte meine Frau. Sie legte mir einen Umschlag auf, worauf der blaue Bluterguß rot wurde. Nun riefen wir Dr. Merzenberger an. Er gab mir eine Spritze - der Bluterguß wurde zuerst grün und dann gelb. Blau hatte er mir am besten gefallen. Gegen die Arthritis verordnete mir Dr. Merzenberger einen Stock.

Am nächsten Tag hinkte ich ins Kaffeehaus, um die Zusatzstrophe abzuliefern.

Der berühmte Schauspieler setzte sich die Brille auf und las, was ich geschrieben hatte:

In Wien ist es bei Nacht
Heut nicht mehr angebracht,
Allein nach Haus' zu geh'n,
Ich mußt' es gestern seh'n.
Da kommt ein Messerheld,
Ruft „Leben oder Geld!“
Ich leer' mei' Butten aus,
Da fällt mein Reichtum raus:
An Aschen! An Aschen!

Ich beobachtete seine Miene. Jetzt wird er schmunzeln, jetzt wird er lachen - nichts. Er schmunzelte nicht, er lachte nicht - er blieb ernst wie eine Lachtaube mit Fabrikationsfehlern. „Ich habe es mir überlegt“, sagte er. „Ich komme aus Deutschland - es steht mir nicht zu, die hiesigen Zustände zu bemängeln. Ich brauche etwas anderes, allgemeineres. Fernsehen!“ rief er plötzlich. „Natürlich! Wir Künstler haben die Pflicht, aufzuzeigen, welchen Mist man den Zuschauern vorsetzt!“ Bei dem Wort „Pflicht“ schlug er mit der Faust auf den Tisch - ich hatte gerade noch Zeit, meine Hand zurückzuziehen, wobei ich eine hinter mir stehende Kaffeetasse umstieß, deren Inhalt sich auf einen weißen Pekinesen ergoß, der bellend gegen die braunen Flecken protestierte. Gleichzeitig stampfte er mit voller Wucht auf meinen Fuß. (Der berühmte Schauspieler, nicht der Pekinese.) Mir wurde schwarz vor den Augen. Ich hatte das Gefühl, daß mir ein vom Himmel gestürzter Satellit auf die Zehen gefallen war. Mich schwindelte vor Schmerz. Ich wußte nicht, wie ich nach Hause kam.

„Wieder ein LKW?" spöttelte meine Frau. „Das kann nur dir passieren!"

„Das kann nicht nur mir passieren, das kann jedem passieren!" tobte ich. „Dem Curd Jürgens, der Milva, dem Niki Lauda! Außerdem war es diesmal kein LKW, sondern ein wilder Stier! Ich ging an einer Apotheke vorüber, da stürzte er heraus und rannte mich um!"

„Wie kommt ein wilder Stier in eine Apotheke?" fragte meine Frau ironisch.

„Das weiß ich nicht!" schrie ich. „Vielleicht hat er sich ein Kopfwehpulver gekauft!"

Wir riefen Dr. Merzenberger an. Er konstatierte einen Bruch des Vorfußes, ich bekam einen Zinkleimverband sowie einen zweiten Stock. Die Nacht stöhnte ich mich durch, am nächsten Nachmittag schleppte ich mich in das Kaffeehaus. Der berühmte Schauspieler erwartete mich bereits. Ich gab ihm die Strophe - er las:

Ich hatte einen Traum,
Ich faß' es jetzt noch kaum.
Ein Kasten vor mir stand,
Der „Fernseh'n" ward genannt.
Dort spielten sie wie wir
Auf uns'rer Bühne hier.
Erst fand ich's wunderbar,
Doch bald sah ich, das war
An Aschen! An Aschen!

Pause. „Leider", sagte er dann. „Ich habe vom ORF den Antrag bekommen, den Posa zu spielen." Aha! „Ich finde das Programm auch gar nicht so schlecht, wie Sie sagen." Ich? *Er* hatte es gesagt! „Ich habe bereits eine andere Idee", setzte er fort. „Die Umweltverschmutzung. Das ist ein Thema, das uns alle angeht. Vergessen wir alles andere. Weg damit!" Er zog einen waagrechten Strich mit der Hand durch die Luft. Hätte ich

CAFÉ

gewußt, daß er Karatekämpfer ist, hätte ich meinen Kopf zurückgezogen. So aber traf seine Handkante meinen Hals. Ich stürzte vom Stuhl und wurde bewußtlos. Als ich wieder zu mir kam, hoben mich eben zwei weißgekleidete Männer auf eine Bahre. Ich kam mit der Rettung zu Hause an.

„Na also!“ höhnte meine Frau. „Wieder mit einem Stier zusammengestoßen? Das kann nur dir passieren!“

„Das kann nicht nur mir passieren“, wimmerte ich - zum Schreien langte die Kraft nicht mehr, „das kann jedem passieren. Dem Fidel Castro, dem Sadat, dem Arafat. Ich war auf dem Flugfeld, kam einem Propeller zu nah, und er traf mich am Hals.“

Dr. Merzenberger hatte schon auf unseren Anruf gewartet. „Tiefe Rißquetschwunde“, meinte er, „schmerzhaft, aber nicht gefährlich. Ich würde ihr keine große Bedeutung beimessen.“ Kunststück! Wenn *er* sie hätte, würde ich ihr auch keine große Bedeutung beimessen. Er schlang einen dicken Verband um meinen Hals und riet mir, statt der Stöcke Krücken zu nehmen. So kam ich am nächsten Nachmittag ins Kaffeehaus. Stolz überreichte ich dem berühmten Schauspieler meine Dichtung:

Es heißt, wohin ich hör',
Die Luft wär' ein Malheur.
Der Schwefel und der Teer
Zerstör'n die Atmosphär'.
Welch herrlich süßer Duft
Lag in der Wiener Luft,
Der Himmel war azur,
Heut' gibt es üb'rall nur:
An Aschen! An Aschen!

Er schüttelte traurig den Kopf. „Ich habe mit meiner Frau darüber gesprochen“, meinte er. „Das Thema ist zu ernst. Aber sie hatte eine gute Idee: Werbung. Das spricht alle an. Wir zeigen den Blödsinn in der Werbung auf. Das ist nicht nur lustig, das ist eine Aussage. Na?“ Er boxte mich gegen die Schulter und renkte mir den Arm aus. Ich fiel wieder vom Stuhl, wurde wieder ohnmächtig, die beiden Weißgekleideten hoben mich wieder auf, legten mich aber nicht auf die Bahre, sondern setzten mich auf den Stuhl, von dem ich gefallen war.

Meine Frau stand mit verschränkten Armen in der Tür. „Na?“ fragte sie spitz. „Wieder ein Propeller? Das kann nur dir passieren!“

„Das kann nicht nur mir passieren“, weinte ich leise, „das kann jedem passieren. Dem Handke, dem Simmel, dem Günther Grass. Ich gehe auf der Straße, Kurzschluß, ich sehe die Lichter zweier Fahrräder auf mich zukommen, will zwischen den beiden durch - -“

„Und?“

„Es war ein Autobus.“

Dr. Merzenberger erwartete mich bereits in unserem Schlafzimmer. Er saß neben meinem Bett und hatte die Instrumente auf dem Tisch ausgebreitet. Ich hatte, außer dem ausgekegelten Arm, eine Prellung des Steißbeines. Ich verfluchte alles, was mit Zusatzstrophen zu tun hatte, angefangen von Ferdinand Raimund bis zu dem berühmten Schauspieler. Am nächsten Tag fuhr ich, geschoben von einer Krankenschwester, im Rollstuhl ins Kaffeehaus. Ich brachte die neue Strophe:

Hat einer ein Produkt,
Dann wirbt er wie verruckt,
Und gibts genügend Geld,
Kennt's bald die ganze Welt.
Der wirbt durch ein Plakat,
Der durch ein Inserat.
So red't man es uns ein,
Nur ich muß selber schrei'n:
An Aschen! An Aschen!

Das *muß* ihm gefallen! Das *muß* er anerkennen! Oder? Oder. Er sagte: „Ich habe eben einen Werbevertrag mit einer Kaffeefirma abgeschlossen, aber das allein ist es nicht. Der Regisseur ist gegen jede Zusatzstrophe. Ich singe das Couplet original.“ Er schüttelte mir die Hand - das Röntgenbild zeigte einen Bruch des Handwurzelknochens. Behandlung: sechs Wochen Gips.

Wieder zu Hause, warf ich die Zusatzstrophen in den Kamin und sah mit hämischem Lächeln, wie sie verbrannten. An Aschen, an Aschen.

Im selben Moment rief mich mein Freund, der Schauspieler Toplitz, an. „Du wirst dich freuen! Ich spiele in Graz den Fortunatus Wurzel und brauche eine Zusatzstrophe. Ich habe bereits eine Idee."

Ich weiß nicht mehr, was ich ihm geantwortet habe - ich weiß nur, daß meine Antwort mehr mit Goethe als mit Raimund zu tun hatte.

„Männer!“

Die meisten Männer flirten mit Frauen, die sie nie heiraten würden - und heiraten Frauen, mit denen sie nie flirten würden. Ich kann die Emanzen verstehen, wenn sie mit verächtlich geschürzten Lippen sagen: „Männer!“

Berufstätige Frauen haben es nicht leicht, besonders dann nicht, wenn sie mit Männern zu tun haben. Und welche berufstätige Frau hat nicht mit Männern zu tun? Ob Künstlerin, Bürokraft, Servierfräulein - alle. Sie sind wahrlich nicht zu beneiden.

Das Stadttheater in Moosheim sucht eine zweite Sängerin. Einige Damen - Anfängerinnen, das war die Voraussetzung - haben sich gemeldet. Nun stehen sie hinter der Bühne und warten, bis sie gerufen werden. Die Bühnenarbeiter hämmern, die Putzfrauen lassen ihre Staubsauger surren, Direktor und Regisseur sitzen im Zuschauerraum, der Korrepetitor hat am Klavier Platz genommen.

„Fräulein Martina Hofer!“ ruft der Regisseur. Martina Hofer erscheint.

„Sie sind aus Wien?“

„Ja.“

„Wo studieren Sie?“

„Bei Herrn Kammersänger Bohnstingl.“

„Sie sind noch nie auf einer Bühne gestanden?“

„Noch nie.“

„Was werden Sie singen?“

„Die Pagenarie aus ‚Maskenball‘.“

„Bitte.“

Der Korrepetitor beginnt, Martina setzt ein. Es wird plötzlich ganz, ganz still im Raum. Was ist das für eine herrliche Stimme! Die Bühnenarbeiter hören auf zu hämmern, die Putzfrauen stellen ihre Staubsauger ab - alle lauschen wie verzückt. Dieses

Timbre! Dieses Gefühl! Diese Weichheit! Es klingt wie eine Harfe, deren Saiten vom Wind zum Erklingen gebracht werden. Ja - wie eine Äolsharfe! Die Arie ist zu Ende. Die Zuhörer stehen noch im Bann dieser wundervollen Klänge. Kurze Pause - dann sagt der Regisseur: „Sehr schön, aber noch nicht vollendet. Melden Sie sich in einem Jahr wieder. Die Stimme sitzt richtig, aber Sie haben noch zu lernen. Es fehlt Ihnen an Umfang. Danke. Auf Wiedersehen!"

„Auf Wiedersehen!" Die jugendliche Sängerin geht - enttäuscht, aber nicht entmutigt. Sie wird es schon schaffen.

„Fräulein Senta Moll!" ruft der Regisseur. Senta Moll kommt.

„Fräulein Moll?"

„Ja."

„Sie kommen aus Berlin und studieren bei Frau Professor Hellberg."

„Ja."

„Was werden wir hören?"

„Die Wahnsinnsarie aus ‚Lucia'."

„Okay. Darf ich bitten?"

Der Korrepetitor beginnt, Senta setzt ein. Was ist *das?* Diese Stimme ist ja noch viel, viel schöner, noch viel, viel wohlklingender als die der ersten Kandidatin! Bühnenarbeiter und Putzfrauen schauen wie gebannt auf die Bühne. Sie sind schon lange an diesem Theater, aber solch einen bezaubernden Gesang haben sie noch nie gehört. Die Stimme füllt den Raum und dringt nach außen. Ein Vogel, der am Fenster sitzt, zwitschert die andern herbei und bedeutet ihnen zu schweigen. Es gibt keine Lerche, keine Nachtigall, die schöner singen könnte als dieses Mädchen. Die Leichtigkeit, mit der es die Koloraturen nimmt. Das ist keine menschliche Stimme, keine Äolsharfe - das ist ein Engel, ein singender Engel! Die Arie verklingt. Bühnenarbeiter und Putzfrauen wagen kaum zu atmen. Die Vögel draußen am Fenster applaudieren mit den Flügeln.

„Sehr nett", findet der Regisseur, „aber leider auch noch nicht perfekt. Das Material ist einmalig, die Atemtechnik bewundernswert, aber Sie haben noch zu lernen. Vielleicht kommen Sie in einem Jahr wieder. Es fehlt Ihnen an Umfang, aber den kriegen Sie. Danke. Auf Wiedersehen!"

„Auf Wiedersehen!" Senta entfernt sich. Sie wird es an einem andern Theater versuchen. Diese Trottel sehen sie nie wieder.

„Fräulein Roberta Claasen!" ruft der Regisseur. Roberta Claasen betritt die Bühne.

„Sie kommen aus Hamburg?"

„Ja."

„Wo haben Sie studiert?"

„Ich habe nicht studiert. Ich besitze eine Naturstimme."

„Aha! Was werden sie uns bringen, Fräulein Claasen?"

„Die Arie der Mimi aus der ‚Bohème'."

„Wir bitten darum."

Der Korrepetitor beginnt, Roberta setzt ein. Nach ein paar Takten fangen Bühnenarbeiter und Putzfrauen wieder mit ihrer Arbeit an, die Vögel ergreifen die Flucht, der Korrepetitor schließt schmerzverzerrt die Augen. Welch ordinäre Stimme. Kein Klang, keine Technik - Blech. Wie konnte diese Person es wagen, nach den beiden andern zu singen. Und doch. Sie bekommt das Engagement. Sie hat den gewünschten Umfang: 98-60-96.

Männer!

Der Straßenkreuzer hält vor einem hinter Bäumen verborgenen rustikalen Haus. Ein Herr, Mitte der Vierzig, elegant gekleidet, gut aussehend, steigt aus. Er öffnet den Schlag und hilft einem jungen, süßen Mädel aus dem Wagen.

„Danke, Herr Präsident!" sagt das Mädel.

„Um Gottes willen, lassen sie doch den Präsidenten weg, ich bitte Sie! Nennen Sie mich schlicht und einfach ‚Herr Generaldirektor'! Oder lassen Sie auch den General weg und sagen Sie ‚Direktor'! Ich werde dafür das Fräulein weglassen und ‚Ricarda' sagen. Sind Sie einverstanden?"

„Bitte, Herr Ge –"

„Na?" Er droht scherzhaft mit dem Finger.

„Herr Direktor", korrigiert sie hastig.

„Gefällt es Ihnen hier?"

„Es ist wunderschön!"

„Es ist ein ganz vorzügliches Restaurant. Gutes Essen, guter Wein … " Er verschweigt, daß es hier noch etwas Gutes gibt: Gute Doppelzimmer. Die beiden schreiten die Stufen zur Terrasse hinauf. „Setzen wir uns hierher!" Er wählt einen etwas versteckten, in einer Nische stehenden Tisch.

Der Ober erscheint. „Verehrung, Herr Präsident!"

„Guten Tag, Alfons! Wie immer: zwei Aperitifs, Austern, Tournedos, roten Burgunder - dann werden wir weitersehen.“

„Sehr wohl, Herr Präsident!“ Der Ober zieht sich mit einer Verneigung zurück. Es sind noch nicht viele Gäste auf der Terrasse, die beiden sind ziemlich allein. „Ich hoffe, Sie mögen Austern?“ erkundigt sich der Kavalier.

„Ich weiß es nicht. Ich habe noch nie welche gegessen, Herr Prä -“

„Na?“

„Herr Ge -“

„Aber, aber! Wir haben doch ausgemacht, daß Sie bloß ‚Direktor‘ zu mir sagen, Ricarda! Seien Sie doch nicht so scheu.“

„Ich kann nichts dafür, das ist meine Art ... “

„Das habe ich schon bemerkt. Deshalb habe ich Sie ja zu diesem kleinen Ausflug eingeladen. Hier, in der Natur, werde ich Ihnen nicht so als Wauwau erscheinen wie im Büro. Hier werden Sie Ihre Hemmungen verlieren.“

„Es ist nett von Ihnen, Herr Direktor“, sagt Ricarda unbefangen, „daß Sie sich meinetwegen so bemühen. Ich werde mich schon ändern. Schließlich bin ich ja erst seit zwei Tagen Ihre Angestellte. Ich hoffe, Sie werden mit mir zufrieden sein. Ich habe alles, was Sie brauchen -“

„Fein!“

„Mitgenommen“, setzt sie fort, ohne auf seinen Einwurf zu achten. „Stenoblock, Kugelschreiber ... “

„Ja aber - wozu denn?“

„Sie wollten mir doch im Freien einige Brief diktieren?“

„Dummchen!“ Er lacht. „Das habe ich doch nur so gesagt. Ich wollte einmal privat mit Ihnen beisammen sein, damit Sie den Schrecken vor mir verlieren. Wenn Sie aber durchaus wollen - reden wir von Ihren Fähigkeiten. Wie steht es mit dem Stenographieren?“

„Leider schlecht“, bedauert Ricarda. „Aber ich besuche einen Abendkurs. Es wird bald besser werden.“

„Das ist doch nicht wichtig. Ich habe einmal sogar eine Stenotypistin entlassen, weil sie mir zu schnell stenographiert hat. Zweihundert Silben in der Minute! Jetzt frage ich Sie, wo soll ich zweihundert Silben in der Minute hernehmen? Keine Angst, wir werden schon gut miteinander auskommen. Wieviel habe ich Ihnen monatlich versprochen?“

„Zehntausend Schilling."
„Das ist natürlich zu wenig. Sie bekommen zwölftausend. Im Betrieb, wissen Sie, da bin ich ein anderer. Da bin ich nicht ich. Ich bin kein Büromensch. Ich brauche Freiheit ... Luft ... Natur ... Wir werden öfter so eine kleine Spazierfahrt machen ... vielleicht auch einmal eine größere ... haben Sie einen Freund?"
„Nein."
„Dann können wir doch auch ruhig cinmal über Nacht ausbleiben?"
„Sie sind doch verheiratet, Herr Direktor", meinte Ricarda befremdet.
„Erinnern Sie mich nicht daran." Der Direktor wird verstimmt. „Ich bin nicht nur verheiratet, ich habe auch zwei Kinder. Ihre Abende verbringen sie in Diskotheken ... um ihre Sprache zu verstehen, mußte ich Englisch lernen ... meine Tochter ist ein ‚Teenager', mein Sohn ein ‚Twen', ihre Mutter nennen sie ‚Mammy' - nur ich bleibe der alte Trottel, der das alles bezahlen muß."
„Herr Direktor ... " Er tat ihr leid.
„Es ist doch so. Als ob man nicht schon mit dem Finanzamt genug Sorgen hätte. Heute ist es doch schlimmer, reich zu sein als arm zu sein. Da sucht man eben eine Ablenkung ... so etwas wie Sie, Ricarda ... so ein liebes, süßes Mädel ... " Er nimmt sie bei den Händen. „Was glauben Sie, was ich jetzt wissen möchte?"
„Was, Herr Direktor?" Ihr wird unbehaglich zumute.
„Was Sie sagen würden, wenn ich Sie küßte."
„Bitte nicht, Herr Direktor ... "
„Und wenn ich Sie gar nicht fragen würde?"
„Ich würde schreien."
„Na wenn schon! Was könnte mir passieren?"
Ricarda nimmt ihren ganzen Mut zusammen. „Das ist nicht so, Herr Direktor. Ich habe neulich von einem Fall gelesen, da hat ein Mann eine Frau geküßt, die das nicht haben wollte - der mußte tausend Schilling bezahlen."
„Da hat er Glück gehabt. Ich küsse immer Frauen, die das haben wollen - das kommt bedeutend teurer." Er redet ihr zu. „Kommen Sie doch, Ricarda ... es ist doch hier so schön ... die Natur ... "

„Nein, wirklich nicht, Herr Direktor."
Er wird verärgert. „Entweder Sie sind total unromantisch oder Sie sind eine Schweizerin."
„Keines von beiden, Herr Direktor. Ich bin bloß ein unmodernes Mädchen, das Wert drauf legt, geheiratet zu werden."
Er kommt in Wut. „Und da lassen Sie sich bei mir anstellen?" sagt er so laut, daß die wenigen Gäste, die auf der Terrasse sitzen, auf die beiden aufmerksam werden. „Stellen Gehaltsansprüche, obwohl Sie überhaupt keine Kenntnisse haben? Nicht einmal stenographieren können Sie - wo andere zweihundert Silben in der Minute schreiben? Aber natürlich! Wir sind ja ein Sozialstaat! Jetzt werden Sie wahrscheinlich zur Gewerkschaft gehen! Gehen Sie nur! Gehen Sie!"
„Herr Direktor ... " stammelt sie ängstlich.
„Generaldirektor, wenn ich bitten darf! Präsident der Vereinigten Thermoplastwerke AG! Ich habe lange genug geschuftet, um diese Titel zu bekommen! Aber Sie? Sekretärin wollen Sie sein? Ein Laufmädel sind Sie! Sie sind entlassen! Haben Sie verstanden?"
Der Ober kommt mit den Austern. „Tragen Sie sie weg!" schreit ihn der Direktor an und wirft ihm einen Hundertschillingschein hin. „Die Dame hat mir den Appetit verdorben! Ich fahre nach Hause!"
„Und ich?" fragt Ricarda außer sich. „Wie komme *ich* nach Hause?"
„Das ist mir egal!" tobt der Direktor. „Fahren Sie mit der Straßenbahn!"
Männer!

Lebowitsch hat ein Espresso. Ein kleines, aber gutgehendes Lokal. Alex, dem Ober, wird die Arbeit zuviel, man heuert ein Servierfräulein an: Marlene. Jung, hübsch, gute Figur. Da das Espresso hauptsächlich von männlichen Gästen frequentiert wird, hat Marlene bereits am Tag ihres Antritts großen Erfolg.
„Wie heißen Sie?" fragt sie der erste Gast und blickt sie verlangend an.
„Marlene."
„Wissen Sie, daß Sie ein hübsches Mädchen sind?"
„Oh!"
„Wie heißen Sie?" versucht der zweite Gast zu flirten.

„Marlene.“

„Wissen Sie, daß Sie ein hübsches Mädchen sind und schöne blaue Augen haben?“

„Danke!“

„Wie heißen Sie?“ fragt der dritte Gast liebesbedürftig.

„Marlene.“

„Wissen Sie, daß Sie ein hübsches Mädchen sind, schöne blaue Augen und eine herrliche Figur haben?“

„Sie scherzen!“

So geht es weiter. Vormittags, nachmittags, abends. Immer mehr Fragen stellen die Gäste an sie. Als sie am Abend der letzte Gast nach ihrem Namen fragt, ratscht sie wütend herunter:

„Ich heiße Marlene, ich weiß, daß ich schöne blaue Augen und eine herrliche Figur habe, ich bin seit heute hier und finde nicht, daß ich für so einen Posten zu schade bin, ich bin zufrieden mit dem, was ich hier verdiene, ich gehe nicht gern in Diskotheken und wenn ich gehen würde, dann nicht mit Ihnen, ich komme aus der Steiermark, mein Freund ist der Ober, er ist Boxer im Leichtgewicht und hat erst unlängst einen Mann halb totgeschlagen, weil er ein Rendezvous mit mir haben wollte. Und jetzt sagen Sie, was Sie nehmen werden: Kaffee, Tee oder ein belegtes Brot!“

Männer!

Bleibt hinzuzufügen:

Die Sängerin lebte bald nicht mehr von ihrer Stimme, sondern von der Gage des Regisseurs,

die Büroangestellte zeigte sich ihrem nächsten Chef gegenüber bereits gefügiger,

und das Servierfräulein machte bald weniger Worte, aber dafür mehr Trinkgeld.

Weiber!

Genesung im VKH

Ein vollautomatisches Krankenhaus ist ein Gebäude, in dem es den Ärzten gelingt, trotz aller Schwierigkeiten, die ihnen Alkohol, Nikotin und Umweltverschmutzung bereiten, mit allen Mitteln der modernen Technik, gepaart mit den Erkenntnissen der heutigen Medizin, Gesunde krank zu machen. Und doch gibt es Genesung im VKH.

Sponder fühlt sich nicht wohl. Schon seit längerer Zeit. Ist es heiß, ist ihm kalt, ist es kalt, ist ihm heiß, will er ruhen, wird er kribbelig, will er arbeiten, verlassen ihn die Kräfte. Neulich trifft er seinen Hausarzt, Dr. Merzenberger, auf der Straße. „Gut, daß ich Sie treffe, Herr Doktor", sagt er, „ich fühle mich so schwach, daß ich kaum gehen kann. Was könnte ich nehmen?" Worauf Dr. Merzenberger sagt: „Wenn Sie mir folgen, ein Taxi."

Es wird immer schlimmer. Sponder konsultiert Dr. Jellinek. Dr. Jellinek untersucht ihn. „Sie haben eine Krankheit", stellt er fest, „die Sie sich bei Ihrem Einkommen gar nicht leisten können." Sponder geht zu Medizinalrat Dr. Fadenknecht. Dr. Fadenknecht untersucht ihn. „Wenn ich fände", fragt er, „daß eine Operation nötig wäre, könnten Sie sie bezahlen?" „Wenn ich sie nicht bezahlen könnte", fragt Sponder, „würden Sie finden, daß eine nötig wäre?" Dr. Fadenknecht schweigt. Sponder geht zu Obermedizinalrat Dr. Holtzmann. Der Obermedizinalrat untersucht ihn. „Ist meine Krankheit gefährlich?" erkundigt sich Sponder. Der Obermedizinalrat überlegt. „Ich würde nicht sagen gefährlich", meint er, „aber wenn ich Sie von dieser Krankheit heile, werde ich weltberühmt." Sponder gibt es auf, weitere Ärzte aufzusuchen.

Sein Zustand verschlimmert sich. Ist es kalt, beginnt er zu schwitzen, ist es heiß, bekommt er Schüttelfrost, bei Tag ist er schläfrig, bei Nacht kann er erst schlafen, wenn es Zeit ist aufzustehen. Nun hat er auch niemanden, dem er sein Leid klagen könnte. Seine Ehe ist seit Jahren geschieden - mit seiner ehemaligen Frau hat er keinen Kontakt mehr - seine beiden Söhne leben im Ausland. Also wendet er sich doch wieder an einen Arzt: Primarius Prof. DDr. Kurt Lindemann. Der Primariusprofessordoktordoktor untersucht ihn. „Ich schicke Sie in unser VKH - unser vollautomatisches Krankenhaus - das ist mit allen Finessen ausgestattet, dort wird man dahinterkommen, was Ihnen fehlt." Also packte Sponder am nächsten Tag seine Siebensachen und rief ein Taxi für die Fahrt in die Klinik.

„Ins VKH", sagte er dem Taxilenker.

Der Taxilenker nickte. „Zu welchem Eingang?" fragte er.

Sponder zuckte mit den Achseln. „Das weiß ich nicht."

„Das *müssen* Sie aber wissen", meinte der Taxilenker. „Das VKH ist ein Riesenkomplex mit über dreihundert Eingängen. Wenn wir da von einem zum andern fahren, können Sie inzwischen sterben oder wieder gesund werden."

Sponder schaute auf seinen Einweisungsschein - die Schrift des Arztes war nicht zu entziffern.

„Na, kann man nichts machen", sagte der Taxilenker, „da bringe ich Sie halt zum Haupteingang. Sie wissen ja nicht, was das für ein Mammutbau ist. Eine Gesundheitsfabrik. Wie es halbfertig war, wollte man es wieder abreißen, weil man bis dahin draufgekommen war, daß man Kranke besser in kleinen Pavillons behandelt - aber da war es schon zu spät. Das Abreißen wäre teurer gekommen als das Weiterbauen. Und die Skandale, die es gegeben hat. Da müssen lauter Zauberer am Werk gewesen sein, so viele Millionen sind verschwunden."

Plötzlich wurde es finster. „Was ist los?" fragte Sponder erschrocken.

„Nichts. Wir kommen zum VKH. Das ist so hoch, daß es die Sonne verdunkelt. In einem Trakt sind mehr Betten, als eine größere Stadt Einwohner hat, und die Operations- und Theraпieräume konnte bis heute noch keiner zählen. Ich habe schon viele Experten aus dem Ausland hierhergefahren, die das Riesenwerk bewundern wollten, zurückgefahren habe ich noch keinen. In dem Gebäude haben sich alle verlaufen."

Sponder erschrak. „Das kann mir doch auch passieren?"

„Natürlich", nickte der Taxifahrer, „aber da können Sie nichts dagegen tun."

Er bog auf einen schier endlosen Parkplatz ein. Vor ihnen stand, wie eine breite Gebirgsfront, das VKH. Der ganze Platz lag im Schatten des Kolosses. Nur ganz oben konnte man einen dünnen Streifen Himmel sehen.

Der Taxilenker kämpfte sich zum Haupteingang durch. Tausende von Rettungs- und Krankenfahrzeugen sausten hin und her. Ihre Signale waren so laut, daß das Geschrei bei einem Hallenpopkonzert dagegen ein sanftes Säuseln war. Immer wieder wurden sie von anderen Autos eingekeilt. „Steigen Sie aus und schlängeln Sie sich zu Fuß zum Haupteingang“, schrie der Taxifahrer Sponder ins Ohr. „Ich komme nach!“

Sponder gehorchte. Mit einer Menge Quetschwunden erreichte er den Haupteingang. Dahinter befand sich eine Halle wie in einem Hauptbahnhof. Überall waren große Buchstaben angebracht. „Von Spon bis Spon“ las er und drückte auf einen darunter befindlichen Knopf. Ein von oben bis unten weißgekleideter Mann kam angefahren. Er nahm Sponder den Einweisungsschein ab und steckte ihn in eine Computeranlage. Surr, summ machte die Computeranlage, x Lämpchen leuchteten auf, dann erschienen zwei große Zahlen auf einem Bildschirm.

„Eingang 389, Zimmer 9874“, sagte der Weißgekleidete und gab Sponder den Schein zurück. Sponder konnte gehen. Als er draußen nach seinem Taxi Ausschau hielt, sah er den Fahrer, inmitten des Autogewimmels, auf dem Dach seines Fahrzeugs stehen. Er winkte ihm lebhaft zu. Trotz seiner Quetschwunden mußte Sponder wieder durch die Autoreihen. „Welchen Eingang haben Sie?“ rief der Chauffeur von weitem.

„389!“ schrie Sponder zurück.

„Da haben wir Glück!“ freute sich der Chauffeur. „Das ist auf dieser Seite - da können wir noch heute Hinkommen!“ Nach stundenlangem Kolonnenrücken erreichten sie den Eingang. „Baldige Besserung“, wünschte der Chauffeur, „und auf Wiedersehen!“ Man hört es ihm an - er glaubte nicht an das Wiedersehen.

Die glasstrotzende Halle des Eingangs 389 war menschenleer. „He, Krankenhaus!“ rief Sponder, wie man in einem Wirtshaus ohne Wirt „He, Wirtshaus!“ zu rufen pflegt.

Hinter einem Schalter tauchte das Gesicht eines Mannes auf. Sponder reichte ihm den Einweisungsschein. „Okay“, sagte der Mann. „Ich bin für die nächste Zeit der letzte Mensch, mit dem

Sie gesprochen haben. Von nun an haben Sie nur noch mit Apparaten zu tun. Sie nehmen jetzt Lift Nummer drei bis zum achtundneunzigsten Stockwerk, dort steigen Sie auf die Rolltreppe zweihundertsechsundzwanzig um, fahren bis zum Gang vierhundertdreiundvierzig und nehmen dort den Rollteppich eintausendsechzig bis zu Ihrem Zimmer. Glückliche Reise!“

Sponder fuhr ab. Es war eine lange Fahrt durch eine graue Betonlandschaft, bis er endlich vor dem Zimmer 9874 von dem Rollteppich stieg. Die Tür öffnete sich automatisch, eine süße Frauenstimme ertönte durch einen Lautsprecher: „Willkommen in unserem vollautomatischen Krankenhaus! Sie sind ab jetzt die Nummer neuntausendachthundertvierundsiebzig. Legen Sie bitte Ihre Kleidung ab, Nummer neuntausendachthundertvierundsiebzig, und treten Sie zu Bildschirm Nummer eins. Drücken Sie die rote Taste und beachten Sie strikte die weiteren Anweisungen! Danke!“

Sponder sah sich um. Der Raum war so gemütlich wie das Wachzimmer eines modernen Gefängnisses. Die Wände waren voll mit Bildschirmen, Schaltbrettern und sonstigen Computeranlagen, von der blauen Decke strahlte künstliches Licht auf ein einfaches Krankenbett. Auf der Kopfseite dieses Bettes waren weitere Schaltbretter und Armaturen angebracht. Kein Fenster, durch das man bei Tag einen Sonnenstrahl oder bei Nacht einen Stern hätte sehen können. Von der einen Wand lächelte das Poster einer bildhübschen Krankenschwester, von der anderen das eines vertrauenerweckenden Arztes.

Sponder zog sich aus und trat zu Bildschirm Nummer eins. Wieder ertönte die süße Frauenstimme. „Bildschirm zwei!“ befahl sie. „Danke!“ Sponder wurde von einem Bildschirm zum anderen gejagt. „Einatmen! Ausatmen! Husten! Nicht husten! Danke!“ Eine stählerne Hand fuhr aus der Wand, klopfte ihm Brust und Rücken ab und verschwand wieder, eine Nadel, die aus einem Apparat schnellte, zapfte ihm Blut ab, ein großes Ohr aus Plastik legte sich an sein Herz. „Genug für heute“, sagte die Stimme, „gehen Sie zu Bett! Danke!“

Sponder ging zu Bett. Er besah sich die Schaltbretter und Tastaturen, die über seinem Kopf angebracht waren. Da gab es einen Lichtschalter, da gab es Knöpfe zum Regulieren der Klimaanlage, Knöpfe für Trostworte, Knöpfe für Witze von „Harmlos“ bis „Gepfeffert“, Knöpfe für Musik und Knöpfe für

Geschichten. Sponder wählte Witze, zuerst einmal einen harmlosen. Die Stimme eines bekannten Conférenciers kicherte aus dem Lautsprecher. „Kennen Sie den? Zwei Hasen werden von einem schwarzen Pudel verfolgt. Endlich läßt er von ihnen ab, das merkt ein weißer Pudel und nimmt nun seinerseits die Verfolgung auf. Da dreht sich einer der beiden Hasen um und sagt zum andern: ‚Ich glaube, er wird bald genug haben - er hat sich schon den Pullover angezogen!' Hahaha!" Sponder kannte den Witz. Er drehte ab und schaltete „Gepfeffert" ein. „Das möchte Ihnen so passen", ertönte die süße Frauenstimme von vorhin, „damit müssen Sie warten, bis es Ihnen besser geht!" Sponder wollte schlafen, da quietschte ein Metallgestell aus der Wand und servierte ihm das Abendessen. Die süße Stimme wünschte ihm „Guten Appetit!" Sponder aß ziemlich lustlos, das Geschirr verschwand in der Wand, die süße Stimme wünschte ihm „Gute Nacht!" Sponder starrte vor sich hin. Er fühlte sich nicht glücklich. Er drehte „Musik zum Träumen" auf und schlief ein.

Am nächsten Morgen wurde er durch einen Stoß geweckt. Das Metallgestell mit dem Frühstück war aus der Wand gekommen und war ihm - er lag auf der Seite - in den Bauch gefahren. „Entschuldigung!" sagte die süße Stimme. „Danke!" Sponder frühstückte. „Nun ins Bad!" befahl die Stimme. Von der Decke löste sich ein an zwei Ketten hängender Stuhl, zwei eiserne Arme setzten Sponder hinein, man fuhr ihn ins Bad und leerte ihn in die Wanne. Dort warteten schon weitere Arme mit Schwamm und Seife, man wusch ihn, schrubbte ihn und trocknete ihn ab, setzte ihn wieder in den Stuhl, fuhr ihn zurück und warf ihn auf das Bett. „Danke!" sagte die süße Stimme. Sponder bekam einen Schlag auf den Kopf. Er sah auf. Über ihm war ein Tablett mit Medikamenten aus der Wand gekommen. „Bildschirm sechzehn!" befahl die süße Stimme. Es wurden weitere Blut- sowie eine Harnprobe gemacht, die per Rohrpost abgingen. Sponder begab sich schlapp zu Bett. Die Leere hatte ihn wieder. Er drückte den Knopf mit „Trostworten", aber sie konnten ihn nicht trösten.

Er fühlte sich einsam und verlassen.

So ging es nun Tag für Tag, die Untersuchungen wurden weniger, die Medikamente mehr, dabei wußte er immer noch nicht, was ihm fehlte. Er sah keinen Menschen, die Posters mit

der Krankenschwester und dem Arzt widerten ihn an, er fühlte sich immer miserabler.

Eines Abends, Sponder lag in der Totenstille des Zimmers und zitterte vor der Nacht, hörte er ein ganz leises Trippeln auf dem Fußboden. Er sah auf. Eine Maus lief durch den Raum, blieb vor seinem Bett stehen und äugte ihn treuherzig an. Sponder wurde warm ums Herz. Ein Lebewesen, wenn auch nur eine Maus. Er wollte sie locken, aber sie verschwand in einem winzigen Loch unter einem Computer. Wenn sie doch wiederkommen würde. Er hatte auf seinem Nachtschrank Überreste des Abendessens, das er nicht aufgegessen hatte. Ein paar Brotkrumen und ein Stückchen Käse. Da war sie wieder! Vorsichtig legte er Krumen und Käse auf den Boden - die Maus verzehrte es mit gesundem Appetit. Sponder sah ihr amüsiert zu. Nachdem das Tierchen alles weggeputzt hatte, lief es etliche Male um das Bett herum, äugte zu Sponder hinauf, als ob es danke sagen wollte und verschwand wieder in dem Mauseloch. Mit einem Male war Sponder nicht mehr allein. Morgen, das wußte er, wird die Maus wiederkommen. Er hatte eine gute Nacht.

Am nächsten Morgen kam die Maus wieder. Sponder hatte von seinem Frühstück ein paar Bissen für sie reserviert, zu Mittag fraß sie ihm aus der Hand, und am Abend brachte sie bereits ihre Jungen mit. Sie stellten sich vor seinem Bett auf und machten Männchen. Sponder war überglücklich. Von nun an verbrachte er eine herrliche Zeit mit den Mäusen. Er kugelte mit ihnen auf dem Fußboden herum, sie tanzten auf seinem Bauch, kitzelten ihn an der Nase und rutschen von seinen Armen. Sponder gab ihnen Namen, die eine nannte er nach seiner Frau Eva, zwei andere nach seinen Söhnen Heinz und Leo, er brachte ihnen Sprünge bei, Purzelbäume, und Heinz und Leo sogar Saltos. Er lachte mit den Mäusen, er hatte wieder Appetit, selbst die Bildschirme schienen mit ihm zufrieden zu sein, und eines Tages sagte die süße Stimme durch den Lautsprecher: „Sie sind gesund, Nummer neuntausendachthundertvierundsiebzig, Sie können nach Hause gehen. Danke!"

Sponder verabschiedete sich von den Mäusen und fuhr nach Hause.

Nun war er wieder so einsam wie zuvor. Er sehnte sich nach seinen vierbeinigen Lieblingen, nach Eva, Heinz und Leo, er lockte sie, er rief sie - sie kamen nicht. Und plötzlich sah er in den drei Mäusen seine Frau und seine beiden Söhne. Da wurde er einsichtig. Warum hatte Eva sich damals scheiden lassen? Nur durch seine Schuld. Sie hatte gearbeitet, hatte das Haus zusammengehalten, und was war der Dank dafür? Daß er ihr vorwarf, daß sie zuviel Geld brauche. Und seine Söhne? Warum waren Heinz und Leo nach Amerika gegangen? Weil er sie gezwungen hatte, in seine Firma einzutreten, weil er ihnen nicht erlaubt hatte, die Berufe zu ergreifen, dic ihnen Freude gemacht hätten, und weil er mit keinem der beiden Mädchen einverstanden war, die sie heiraten wollten. Jetzt bereute er. Er nahm mit seiner Frau Kontakt auf, sie kam zu ihm zurück, er holte seine Söhne mit ihren Frauen nach Hause, beide hatten inzwischen kleine Sponders bekommen - er wurde der glücklichste Ehemann, Vater und Großvater, und wenn die Leute von einer glücklichen Familie sprachen, meinten sie die Sponders.

Die Geschichte wurde bekannt. Sponder war der erste Patient, der im VKH geheilt worden war. Direktoren und Primarärzten hängte man große Orden um den Hals, Ärzte wurden zu Professoren ernannt, Schwestern zu Oberschwestern, wirklich gesund gemacht aber hatte ihn - die Maus.

Und Sponder nahm die Mäuse in sein Haus und sorgte für sie, solange sie lebten.

Wohltätigkeit ist etwas Schönes

Wohltätigkeit ist etwas Schönes. In Serviceclubs wie Rotary, Lions oder Kiwanis etc. nennt man Wohltätigkeit Charity. Als Charity ist sie teurer. Trotz allem: Wohltätigkeit ist etwas Schönes. Es gibt auch genug Wohltäter, und es gäbe bedeutend mehr, wenn man die Wohltätigkeit von der Steuer abschreiben könnte. Leider ist dies nicht möglich. Und doch - ich bleibe dabei: Wohltätigkeit ist etwas Schönes.

Meine Frau und ich sind Wohltäter. Wir spenden für alte Pferde, junge Hunde, verarmte Politiker, frustrierte Frauen, greise Pfadfinder, senile Säuglinge, verwitwete Nichtschwimmer und begabte Popsänger.

Wir sind Künstler. Wir sind bereit, gratis mitzuwirken bei Veranstaltungen zugunsten lediger Weintrinker, verheirateter Taubenzüchter, geschiedener Zahnärzte, künstlerischer Maler, steuerpflichtiger Großindustrieller und werdender Mütter, sofern diese das sechzehnte Lebensjahr nicht überschritten haben. Sollten Sie noch einen anderen edlen Zweck wissen, wenden Sie sich bitte an uns.

Vor einem halben Jahr flatterte, wie man so schön zu sagen pflegt, ein Brief auf meinen Schreibtisch. Er stammte von einem Herrn Jonas Beule und hatte folgenden Wortlaut:

„Sehr verehrte gnädige Frau! Sehr geehrter Herr!

Da mir Ihr philanthropisches Wirken bekannt ist, wende ich mich mit einer für mich undankbaren Aufgabe an Sie. Mein Grundsatz ‚Menschlichkeit über alles' gebietet es mir, und ich hoffe auf Ihr Verständnis und Ihre Mithilfe. In der Strafanstalt Stein sitzt seit vier Jahren ein wegen versuchten Schwiegermuttermordes zu Unrecht zu sechs Jahren schweren Kerkers verurteilter Häftling namens Karl Metzger. Frau und Kinder haben ihn fallenlassen, und so steht bzw. sitzt er allein da. Herr

Metzger ist ein begabter Zeichner, und ich sende Ihnen mit gleicher Post eine Probe seines Könnens. Herrn Metzger geht es nicht darum, Geld zu verdienen, er sucht nur den Kontakt mit der Außenwelt. Der Künstler würde sich freuen, wenn Sie seine Zeichnung gegen Bezahlung eines kleinen Kostenbeitrages annehmen würden. Erlagschein liegt bei. Enttäuschen Sie bitte nicht einen unschuldig Verurteilten, der niemanden in der Welt hat und nicht weiß wohin, wenn seine Strafe abgesessen ist. Mit dem Ausdruck der vorzüglichsten Hochachtung Jonas Beule."

Meine Frau und ich waren erschüttert. Ein unschuldig Verurteilter wendet sich an uns. Wir waren entschlossen, alles für ihn zu tun, was in unserer Macht steht.

Die Zeichnung kam. Sie stellte, wie auf dem Blatt vermerkt war, den römischen Himmelskönig Jupiter dar, Gott des Blitzes und des Donners, des Rechts und der Saat. Wäre dies nicht vermerkt gewesen, hätten wir ihn für den österreichischen Bundeskanzler Dr. Kreisky gehalten. „Und doch", sagte meine Frau, „schau dir den Schatten an! Wie künstlerisch! Wie persönlich!" Ich sah mir den Schatten an - es war ein Fettfleck. Den Kostenbeitrag berechnete der Künstler mit hundert Schilling - wir schickten ihm zweihundert, und zwar an das Konto des Herrn Beule, da ja der Unglückliche in der Strafanstalt kein Geld besitzen durfte.

Postwendend kam ein Schreiben von Beule. Er übermittelte uns den Dank des erbarmungswürdigen Gefangenen, der uns in seiner Freude, daß wir die Zeichnung angenommen hatten, gleich eine zweite schickte. „Der Qualtinger!" rief meine Frau, als wir das Kunstwerk ausgepackt hatten. Aber es war nicht der Qualtinger - es war Juno, die Gattin des Jupiter, Göttin der Ehe und Geburt, des Mondes und des Himmels. Natürlich lag wieder ein Erlagschein bei, ausgestellt auf hundert Schilling - wir überwiesen zweihundert.

Zu den Osterfeiertagen bekamen wir *zwei* Zeichnungen. „Woher kennt der Mann Onkel Noldi?" wunderte sich meine Frau. Aber es war nicht Onkel Noldi, den Metzger gezeichnet hatte, es war Merkur, der Gott des Handels - und die zweite Zeichnung war nicht Tante Elsa, wie wir vermutet hatten, sondern Minerva, die Schützerin Roms und Göttin der Künste. Erlagschein vierhundert Schilling - und da wir uns angewöhnt hatten zu verdoppeln, schickten wir achthundert.

Wir freuten uns über die Zeichnungen, und doch sah ich mit einer gewissen Beklemmung im Lexikon nach, um zu erfahren, wie viele römische Götter es noch gebe. Es gab viele, und sie kamen alle.

Zu Pfingsten kam Venus, die Göttin der Liebe und Schönheit, die aussah wie Dr. Robinson in der Sauna, ihr folgte Dr. Wronsky, halb Mensch, halb Pferd - drunter stand „Zentaur" - eine Abweichung des Meisters von seinem römischen Zyklus, da die Zentauren der griechischen Mythologie angehören und aussehen wie Menschen, die ein Pferd haben, wo andere eine Hose haben. Dann kam noch der jugoslawische Gastarbeiter von der Müllabfuhr - drunter stand „Amor" - und jede Zeichnung kostete uns zweihundert Schilling. Was tut man nicht alles für einen Menschen, der unschuldig im Kerker sitzt. Und dann kamen sie in schneller Aufeinanderfolge, egal ob Feiertag oder nicht. Da kam Ceres, die Göttin des Ackerbaues, Diana, die Göttin der Jagd, Mars, der Gott des Krieges, Apollo, der Gott der Jugend, Neptun, der Gott der Meere, und noch einige andere. Wir liefen zur Post, gaben die Erlagscheine auf, und wenn wir zurückkamen, waren schon wieder neue Zeichnungen da.

Jetzt kamen nämlich noch die Halbgötter dran, und anstatt für einen Halbgott die Hälfte zu verlangen, verlangte Metzger dasselbe wie für einen Ganzgott. Die Dioskuren Kastor und Pollux berechnete er pro Stück, ebenso Romulus und Remus sowie die drei Grazien. Neunhundert Schilling kosteten die neun Musen. Dann folgte Vesta mit einem Dutzend Vestalinnen - dreizehnhundert Schilling - und Bacchus mit zehn Bacchanten und zehn Bacchantinnen - zweitausendeinhundert Schilling. Wir hatten schon einige tausend Schilling in die Zeichnungen investiert, aber wir konnten Metzger, dem wir soviel bedeuteten, nicht enttäuschen.

Lieber schränkten wir uns ein. Meine Frau gab das Rauchen auf und ich das Kaffeehaus. Meine Frau verzichtete auf einen neuen Wintermantel und ich auf einen Anzug. Ich ging nicht einmal mehr zum Friseur - meine Frau schnitt mir die Haare.

Und dann kam ein Schreiben Beules mit der freudigen Nachricht, daß Metzger wegen guter Führung ein Drittel seiner Strafe nachgesehen wurde und daß er noch vor Weihnachten die Strafanstalt verlassen werde.

„Wir werden ihn kennenlernen!" jubelte meine Frau. „Endlich!“ Ich jubelte nicht. Der Winter stand vor der Tür. Wird Metzger etwas zum Anziehen haben?

„Wir müssen ihm warme Kleidung kaufen“, sagte ich. Welche Größe? War er groß oder klein? Schlank oder dick? Wir beschlossen, einen Kredit aufzunehmen und einen größeren Betrag auf sein Konto zu schicken, damit er sich kaufen kann, was ihm paßt. Wir schickten dreitausend Schilling für einen Mantel, fünftausend für einen Anzug, tausend für Schuhe, zweitausend für warme Wäsche, Socken, Hut. Wir schickten und schickten.

„Wir müssen ihn einladen“, sagte meine Frau plötzlich. „Er darf am Weihnachtsabend nicht allein sein. Er soll sehen, daß ihn die Gesellschaft wieder aufnimmt.“ Wir luden ihn ein.

Wir mußten ihm ein Geschenk unter den Baum legen. Wir mußten einen Baum kaufen, da unser Bäumchen gerade für uns beide gut genug war. Wir mußten Gäste einladen. Sie sollten sehen, wie schön es ist, Gutes zu tun. Meine Frau trug ihren Schmuck ins Leihhaus - ich verkaufte meinem Schwager die Rechte für sämtliche Bücher, die zu schreiben mir noch gestattet sein wird.

Natürlich, fiel uns ein, müssen wir seine Zeichnungen aufhängen. Schnell trugen wir sie zum Rahmen, unsere Wände waren von oben bis unten mit echten Metzgers behängt. Der Fuchs, der Leherb und der Hundertwasser, die wir besitzen, wurden in den Keller gestellt.

Es kam der Weihnachtsabend, es kamen die Gäste - wer *nicht* kam, war Metzger. Wir konnten es nicht verstehen. Sollte ihm etwas zugestoßen sein? Wir riefen in der Strafanstalt an - dort war er unbekannt. Ich rief Herrn Beule an, der, wie er mir einmal schrieb, ständig im Hotel Schubert wohnt - unbekannt. Ich fragte in der Bank nach, bei der er sein Konto hatte - abgehoben. Beule war ein Schwindler, Metzger existierte nicht, unser Geld war weg.

Wohltätigkeit ist etwas Schönes.

Als ich einmal, es war noch lange vor diesem Erlebnis, meinem Neffen Ladi, damals 10, sagte: „Wir Menschen sind da, um den anderen zu helfen“, fragte er mich: „Wozu sind dann die anderen da?“

Das frage ich mich auch.

Gute Kollegen

Ein Stück inszenieren heißt, dasselbe in Szene setzen. Dem Regisseur genügt das nicht. Er will mitgestalten, umgestalten, er will das Werk dem Publikum näherbringen, wobei er es immer weiter von ihm entfernt. Er streicht Dialoge, er schreibt andere hinein, er spielt den letzten Akt als ersten und den ersten als letzten, er ändert Figuren und Charaktere und ist so imstande, in einer einzigen Nacht zu zerstören, was der Dichter im Laufe eines Jahres geschaffen hat.

Jeder Regisseur hält sich selbst für den größten und verachtet alle andern. Doch vielleicht bin ich zu hart mit meinem Urteil, denn wie ich weiß, gibt es auch unter den Regisseuren gute Kollegen.

Es gibt Rollen auf dem Theater, die dem Schauspieler vorschreiben, in der Versenkung zu verschwinden. Da ist z. B. Nestroys böser Geist Lumpazivagabundus. Er kommt aus der Versenkung und fährt in die Versenkung zurück. Das ist bei vielen Zaubermärchen der Fall und bei mancher modernen Inszenierung. So sah ich neulich einen Briefträger aus der Versenkung kommen. Warum? Ich weiß es nicht. Es war eine Tür da, durch die er hätte eintreten können. Es war übrigens dasselbe Stück, in dem der Darsteller des Vaters, der sich bloß eine Zigarette holen wollte, durch das Fenster abging. Dabei spielte das Stück in einer Wohnung im achten Stock. Er kam auch nicht mehr zurück. Der Autor wollte es nicht so - es war ein Einfall des Regisseurs. Aber ich wollte ja von Versenkungen sprechen.

Mein Freund, der Schauspieler Toplitz, über den ich schon oft geschrieben habe, verschwand auch in der Versenkung. Leider geschah das nicht auf der Bühne, sondern im Leben. Es wurde immer stiller um ihn - und dann war es aus. Man sah ihn nicht mehr, man hörte ihn nicht mehr, bis auf ein paar Werbefilmchen im Fernsehen - und dann plötzlich war er wieder da.

Als Schauspieler war er in der Versenkung verschwunden - als Regisseur tauchte er wieder auf. Und nicht als gewöhnlicher Regisseur - als Filmregisseur! Es war sein Talent, das ihm diesen Auftrag verschafft hatte - und seine Schwester, die die Frau eines Produzenten geworden war. Jahrelang war sie seine Sektretärin gewesen - nun hatte er ihr nichts mehr zu diktieren. Er hatte sich gegen Toplitz als Regisseur gewehrt, er wollte Strehler, Bergman oder Fellini haben - er drang nicht durch. Der Regisseur hieß Toplitz.

Was niemand gedacht hatte: die Filmpremiere wurde ein Erfolg. Im „Imperial" fand ein großes Bankett statt, Toplitz und die Hauptdarsteller wurden gefeiert, das Essen war vorüber, die Gesellschaft verteilte sich auf die anderen Räume, es wurde getanzt, getrunken, geflirtet, man simpelte Fach usw.

Toplitz saß allein hinter einer Säule und träumte vor sich hin. Das war *sein* Abend, *sein* Triumph. Er, der kleine Schauspieler, der sich mühsam in den Provinzen herumgeschlagen hatte, war plötzlich zum Filmregisseur geworden. Und - wie er nach der heutigen Premiere annehmen konnte - zum erfolgreichen Filmregisseur. Schon hatte er einige neue Anträge bekommen, er brauchte nur ja zu sagen. Auf einmal stand Zebisch vor ihm. Zebisch inszenierte ebenfalls Filme, und Toplitz mochte ihn nicht. Er hatte ihn zu oft als Schauspieler abgelehnt.

„Ich gratuliere dir", sagte Zebisch mit aufrichtigem Blick und setzte sich zu ihm. „Du hast Großes geleistet, und wir alle müssen dir dankbar sein. Mit diesem Film schaffst du es, das Publikum wieder ins Kino zu bringen."

„Ich danke dir", sagte Toplitz gerührt und drückte Zebisch die Hand. Er fühlte, wie seine Augen naß wurden. Aller Groll war vergessen. „Hat er dir wirklich gefallen?" fragte er.

„Gefallen?" wiederholte Zebisch. „Ich war begeistert. Ich habe noch keinen europäischen Film gesehen, der besser gewesen wäre. Wenn auch ... " Er stockte.

„Was wenn auch?"

„Nichts."

„Du hast gesagt ‚wenn auch', und wenn ich ‚wenn auch' sage, dann sage ich auch, warum ich ‚wenn auch' gesagt habe."

„Es ist wirklich nichts. Ich habe laut gedacht."

„Aber du hast ‚wenn auch' gedacht. Also was ‚wenn auch'?"

„Wenn auch manche Szene mehr Aufwand vertragen hätte,

meinte ich. Wahrscheinlich hat man dir nicht mehr Geld zur Verfügung gestellt. Aber das ist nur mir, als Fachmann, aufgefallen."

„Es waren auch andere Fachleute anwesend. Wenn es dir aufgefallen ist, ist es auch den anderen aufgefallen. Also was meinst du?"

„Der Hochzeitszug zum Beispiel, hätte pompöser sein können. Mit sechs Leuten feiert ein Kaiser keine Hochzeit."

„Sechs Leute? Es waren fünfzehnhundert Komparsen engagiert."

„Dann hast du sie schlecht verteilt, aber das habe wirklich nur ich bemerkt. Sonst war es großartig. Nur -"

„Was nur?"

„Die Farben. Das gelbe Kleid der Elissa zum Beispiel -"

„Das war grün!"

„Da hast du es. Oder die lila Uniform des Kronprinzen -"

„Die war gold! Vielleicht bist du farbenblind?"

„Nein. Die Farben waren schlecht. Vielleicht auch nur schlecht ausgeleuchtet. Besonders die Trauungsszene. Aber das ist halb so schlimm, weil die sowieso durch die Fahnen verdeckt ist."

„Wieso verdeckt? Man sieht den Priester, man sieht das Brautpaar, man sieht die Königinmutter ... "

„Wo?"

„Rechts von der Braut."

„Das war die Königinmutter? Die habe ich für eine Fahne gehalten. Aber rechts, das war doch eine Fahne?"

„Das war der Vater!" Toplitz war außer sich.

„Reg dich doch nicht auf! An solchen Dingen wird niemand dem Regisseur die Schuld geben. Höchstens dem Kameramann. Ich hätte ja auch nie den Wollmann genommen. Der hat noch jeden Film verpatzt. Die parodistische Szene zum Beispiel hätte von oben aufgenommen werden müssen."

„Was für eine parodistische Szene?"

„Die Mordparodie. Wo der Diener dem Kaiser die Knackwurst an die Brust setzt."

„Das ist doch keine Parodie", weinte Toplitz. „Das ist ein wirklicher Mord! Die Knackwurst ist ein Dolch!"

„Das war nicht auszumachen. Ich sage ja - gehört von oben aufgenommen. Und der Reinholz als Mörder - unglaubwürdig."

„Erlaube mal! Der Reinholz ist einer unserer besten Mörder! Weißt du, was es uns gekostet hat, ihn freizubekommen? Er ist bei ‚Derrick' ausgebucht, beim ‚Tatort' und beim ‚Alten'!"

„Das ist es ja. Wenn ich Reinholz sehe, weiß ich, da geschieht ein Mord. Du hättest ihn anders führen müssen. Lächelnd, charmant ..."

„Ich kann doch einen Verschwörer, der ein ganzes Volk aufwiegelt, nicht als Charmeur zeigen?"

„Doch. Dafür hast du kcin Gespür, wenn auch sonst alles bewundernswert war. Übrigens - hast du was mit der kleinen Delia?"

„Ich? Wie kommst du darauf?"

„Weil das die einzige Entschuldigung wäre, daß man sie eine solche Rolle spielen läßt."

„Alle sagen, sie war entzückend."

„Darin liegt ja der Fehler. Eine Schauspielerin, die ein entzükkendes Mädchen spielt, darf nicht auch noch entzückend aussehen. Sie muß sexy wirken, lasterhaft, gefährlich wie ein Vampir. Daß sie entzückend ist, ist ja dann die Überraschung."

Toplitz war am Boden zerstört. „Sag' gleich, daß der Film ein Mist ist", meinte er unglücklich.

„Ist er ja nicht. Der Film hat mir ausnehmend gut gefallen, bis auf ein paar Kleinigkeiten: Die Musik, die du ausgewählt hast, ist schlecht, die Balletteinlagen sind elend, die Bauten miserabel, der Ton nicht anzuhören. Und um die Leute, die nach der Premiere - es waren übrigens auch einige von der Presse drunter - auf den Film geschimpft haben, brauchst du dich nicht zu kümmern. Dein Schwager wird Geld machen. Die schlechtesten Filme sind das beste Geschäft. Hoffentlich bist du an den Einspielergebnissen beteiligt. Nochmals meine herzlichste Gratulation!" Er ging. Während die Gäste weiterfeierten, schlich Toplitz nach Hause. Hätte er einen Strick gefunden, hätte er sich aufgehängt.

Am nächsten Tag erschienen die Kritiken. Die Rezensenten waren begeistert. Vier Sterne, fünf Sterne - die höchste Beurteilung. Die Menschen stürmten die Kinos, nicht weil der Film schlecht, sondern weil er gut war.

Hätte Zebisch einen Strick zu Hause gehabt, hätte *er* sich aufgehängt.

Ein Liebespärchen stiehlt sich aus einer Liebesgeschichte

Liebe ist eine Epidemie: die davon Befallenen müssen das Bett aufsuchen. Dem war nicht immer so. Es gab eine Zeit, da war Liebe etwas Hehres, etwas Heiliges. Und es gab so große Liebespaare wie Paris und Helena, Hero und Leander, Don Juan und die vierzig Frauen.

Und was kann es Schöneres geben als ein Liebespaar! Beide leben nur füreinander – er für sie, sie für ihn. Schmachtend halten sie sich bei den Händen, als hätten sie Angst, einander zu verlieren. (Es gibt auch Ehepaare, die sich bei den Händen halten, aber dann nur, um sich gegenseitig nicht zu erschlagen.)

Es ist Frühling, die Knospen sprießen, und so will auch ich von einem Liebespaar berichten. Mein Thema? Ein Liebespärchen stiehlt sich aus einer Liebesgeschichte.

Ich habe genug von Satiren. Ich will einmal etwas anderes schreiben, etwas Höheres, etwas Poetischeres. Eine Love-story. Was brauche ich dazu? Eine SIE und einen IHN, beide bereit, füreinander zu leben und zu sterben.

So etwas fällt einem natürlich nicht auf Anhieb ein. Man muß die nötige Ruhe dazu finden, muß sich seelisch darauf einstellen. Ich dachte an meine Jugend. Was gab es da? Als ich sechzehn war, verliebte ich mich in Marianne. Ihr Vater gab mir eine Ohrfeige. Ich beklagte mich bei meinem Vater – er gab mir auch eine. Aber da gab es doch auch schönere Erlebnisse. Da gab es Klara. Ihre Eltern hätten sie mir ohne weiteres zur Frau gegeben. Leider erfuhr ich, daß sie von einem andern ein Kind bekam. Liesbeth? Sie war mir zu prosaisch. „Komm mit mir, Geliebte!" sagte ich. „Ich führe dich auf den Strahlen des Mondes in das Land des Glücks! Morgen schon, wenn du es willst!“ Drauf sagte sie: „Morgen kann ich nicht - morgen bin ich beim Friseur angesagt.“ Hanni? Hanni lachte mir zu ordinär. Mein Freund wunderte sich, das sei ihm noch gar nicht aufgefallen. Er hätte sie hören sollen, als ich sie fragte, ob sie mich heiraten wolle. Nein. In meiner Jugend gab es keine Liebesgeschichte. Ich mußte eine erfinden.

Ich setzte mich zum Schreibtisch und wartete auf den Musenkuß. Er kam nicht, aber das war auch gar nicht zu erwarten. Da ich noch nie etwas Derartiges geschrieben hatte, mußte ich mich in Geduld fassen. Ich beschloß also, nicht nervös zu werden. Ich sah vor mich hin, ich ging auf und ab, ich sah aus dem Fenster, ich streichelte unsren Kater - ich ballte die Fäuste, ich biß mir die Lippen wund, ich rannte mit dem Kopf gegen die Wand. Es fiel mir nichts ein. Ich mußte ein Liebespaar finden, und die Geschichte dieses Pärchens schreiben. Das war die Lösung. Aber wo findet man ein Liebespaar?

Ich ging in den Stadtpark, der zu meiner Zeit ein Treffpunkt dieser Spezies von Mensch war. Ich streifte mit meinen verträumten Poetenaugen die Bänke ab. Nichts. Kartenspielende Pensionisten, raufende Kinder, tratschende Mütter. Doch da, beim Schwanenteich, fiel mir ein Mädchen auf - ganz allein auf einer Bank. Was für ein Geschöpf! Ein Traum, ein Wunder, eine Himmelserscheinung. In solcher Anmut mußte eine reine Seele wohnen, und meine Liebesgeschichte sollte rein sein. Von dem kaputten Seelenkram haben die Leser genug. Couragiert nahm ich am anderen Ende ihrer Bank Platz, zog meinen Notizblock für Dichter und begann: ebenholzschwarze Haare, hochedles Profil, Augen voller Tiefe (soweit ich das von der Seite her feststellen konnte), lange, seidige Wimpern, mädchenhafte Figur, grazile Beine, Füße wie Aschenputtel in seinen besten Tagen, schier geschaffen für königliches Schuhwerk.

Nun hatte ich sie auf dem Papier - vom Scheitel bis zur Sohle - aber für meine Geschichte brauchte ich auch ihre Seele. Dieser Engel mußte ja einen Himmel in sich tragen - ein Paradies - einen blühenden Garten voller Tugenden - Lilien der Keuschheit, knospende Rosen der Zärtlichkeit - Unsinn! Zur Realität. Ich muß mit ihr ins Gespräch kommen, aber wie? Bei älteren Herren sind Mädchen meist vorsichtiger als bei jungen, obwohl gerade das Gegenteil der Fall sein sollte. Ältere Herren geben höchstens gute Ratschläge. Für schlechte Beispiele sind sie zu alt. Sie hat ein Buch zur Hand genommen - ein anspruchsvolles, wie mir scheint. Sie ist darin versunken - unnahbar - verzaubert vom Reiz der Lektüre. Ich grüble krampfhaft nach einem Anredetrick. Was geschieht, wenn sie aufsteht und davongeht? Eine einmalige Chance wäre damit vertan, eine einmalige Geschichte verloren.

Das zauberhafte Geschöpf legt das Buch aus der Hand und greift nach der Handtasche. Welche Hände! Klick - die Tasche springt auf, das Mädchen zieht ein Taschentuch heraus - aus dem Tüchlein flattert ein Täubchen und setzt sich mir auf die Schulter. Ist das Wirklichkeit oder sehe ich es bloß in meiner dichterischen Phantasie? „Entschuldigen Sie", haucht die Himmlische mit einem entzückenden fremdländischen Akzent. „Komm, Trixi, komm!" Das Täubchen fliegt in die Tasche zurück. Es ist Wirklichkeit. „Es ist nichts passiert", sage ich. „Ich liebe Tiere." Nun habe ich mein Gespräch. „Das ist schön", sagt sie und schaut mich an. Oh, diese Augen! „Sie sind ja eine tolle Zauberkünstlerin", setze ich fort. „Treten Sie in einem Zirkus auf?" „Nein, in einem Varieté. Mit meinem Partner."

Nun rücke ich mit meinem Anliegen heraus. Ich erzähle ihr, daß ich Schriftsteller bin, daß ich sie seit längerer Zeit beobachte und bewundere, daß ich sie für eine Geschichte haben möchte - besonders ihre Seele. „Erzählen Sie etwas von sich", bitte ich. Die Holde errötet. Sie fragt nach meinem Namen. Ich nenne ihn - sie kennt ihn nicht.

„Über mich gibt es wenig zu erzählen", beginnt sie. „Mein Vater war ein ganz berühmter Illusionist. Er ist in allen Weltstädten aufgetreten. In Rom hat er meine Mutter kennengelernt, sie stammte aus einer italienischen Adelsfamilie. Oh, sie war wunderschön. Sie hat Papa bei einer Vorstellung gesehen und hat sich sofort in ihn verliebt. Ihre Familie war entsetzt, aber sie hat ihn, allen zum Trotz, geheiratet. Dann kam ich - Papa stand damals auf dem Höhepunkt seiner Karriere - ich habe viele Tricks von ihm gelernt. Meine Mutter bekam nach und nach das Zirkusleben satt - sie war ein anderes Milieu gewöhnt. Eines Tages verschwand sie mit einem italienischen principe. Papa starb bald darauf aus Gram, und ich mußte mich mit dem durchschlagen, was ich von ihm gelernt hatte."

„Aber nun haben Sie einen Partner", sagte ich.

„Ja. Gaston Durand. Aber das ist nur sein Künstlername. In

Wirklichkeit heißt er Richard. Richard Poll. Sein Vater ist Dozent an der Universität in Göttingen. Richard hätte Atomphysiker werden sollen, aber es zog ihn zum Zirkus. Er ist der geborene Magier, und so ist er von zu Hause durchgebrannt. Wir haben uns in einem kleinen Zirkus in Westengland kennengelernt. Es war Liebe auf den ersten Blick. Wir haben viele Tricks von Papa ausgefeilt und weiter entwickelt. Richard ist imstande, mich verschwinden zu lassen - und sich auch."

„Das ist doch nicht möglich."

„Doch. Sie können ihn fragen."

„Hallo, darling!" Er steht da, wie wenn er sich hergezaubert hätte. Groß, schlank - ich kann ihn mir gut im Frack vorstellen. Und Zauberer pflegen ja im Frack aufzutreten. Er drückt einen zarten Kuß auf die Stirne des Mädchens und blickt dann auf mich.

„Der Herr will mich für eine Geschichte", klärt sie ihn schnell auf.

„Und Sie natürlich auch", beeile ich mich hinzuzufügen. „Es soll eine romantische Liebesgeschichte werden, und Sie sind das ideale Paar dazu. Ich hörte, daß Sie ein genialer Zauberer sind?"

„Zeig ihm etwas!" bittet das Mädchen.

„Hier im Park? Kommen Sie doch in unsere Vorstellung."

„Zeig es ihm gleich!"

„Okay. Geben Sie mir bitte einmal alles, was Sie bei sich haben." Ich gebe ihm meine Brieftasche, meinen Ausweis, meinen goldenen Kugelschreiber, meine Wohnungsschlüssel, meine Uhr. „Nun legen Sie bitte Ihren Mantel und Ihr Sakko ab." Richard nimmt den Mantel, legt ihn elegant über das eine Ende der Bank, das Sakko über das andere Ende.

„Nun geben wir Ihre persönlichen Gegenstände in die Brusttasche des Sakkos." Richard besorgt dies mit betonten Bewegungen. „Bitte überzeugen Sie sich, ob noch alles drinnen ist." Ich überzeuge mich. Richard streift etliche Male wie mit einem Zauberstab über das Sakko, dann über den Mantel, und ruft: „Simsalabim!" Er greift in die Innentasche des Mantels und zieht meine Brieftasche heraus. Ich bin fassungslos. Ich habe sie eben noch im Sakko gefühlt.

„Zeig' doch dem Herrn den Trick mit dem Wegzaubern! Er glaubt nicht, daß du mich verschwinden lassen kannst."

„Das ist gar nicht so schwierig", lächelt Richard. „Aber hier? Ich würde Ihnen doch raten, in unsere Vorstellung zu kommen", wendet er sich an mich.

„Bitte, bitte!" bettelt das Mädchen. „Zeig es ihm gleich!"

„Bitte!" sage auch ich.

Das Mädchen legt sich auf die Bank, Richard breitet sorgfältig meinen Mantel über ihren Körper und mein Sakko über ihren Kopf. Das Mädchen ist vollständig zugedeckt.

„Nun schließen Sie die Augen und zählen Sie bis zehn." Ich schließe die Augen und zähle bis zehn. „Jetzt öffnen Sie sie wieder." Ich öffne die Augen, Mantel und Sakko liegen auf der Bank, Richard reißt beides hoch - das Mädchen ist verschwunden.

„Das ist doch nicht möglich", stammle ich.

„Sie sehen es doch. Und nun zeige ich Ihnen einen wirklich schwierigen Trick - nun lasse ich mich selber verschwinden. Ich lege mich auf die Bank, Sie breiten Mantel und Sakko über mich wie Sie es von mir gesehen haben, gehen zehn Schritte zurück, sagen ‚Simsalabim!', drehen sich um - und weg bin ich."

„Das gibt es doch nicht."

„Ich werde es Ihnen beweisen." Richard legt sich auf die Bank, ich breite den Mantel über seinen Körper, decke seinen Kopf mit meinem Sakko zu, gehe zehn Schritte zurück, sage „Simsalabim!", drehe mich um - Richard ist verschwunden. Mit ihm mein Mantel, mein Sakko, meine Brieftasche, mein Ausweis, mein goldener Kugelschreiber, meine Wohnungsschlüssel, meine Uhr. Daß das Paar durch den Ausweis meine Adresse erfahren und mit Hilfe meiner Wohnungsschlüssel mein Apartment ausgeraubt hat, erübrigt sich zu sagen.

So hat sich das Liebespärchen im wahrsten Sinne des Wortes, aus meiner Liebesgeschichte gestohlen.

Und so wurde meine Love-Story wieder zu einer Satire. Zu einer Satire auf einer Welt, in der es keine Liebespärchen mehr gibt.

Zwischen dem fünften und sechsten Stockwerk

Schauspieler, Projektile und Autos haben eines gemeinsam: sie können steckenbleiben. Der Schauspieler in der Rolle, das Projektil im Körper und das Auto im Stau. Aber noch etwas hat die Fähigkeit steckenzubleiben: ein Lift. Und von so einem steckengebliebenen Lift will ich erzählen. Es begab sich zwischen dem fünften und sechsten Stockwerk.

„Auf Wiedersehen!" sagte ich dem Chef der Austriafilm AG und stieg in den Lift. Es war im achten Stockwerk eines Wiener Bürohauses.

„Erdgeschoß?" fragte ein Herr, der den Kasten knapp vor mir betreten hatte.

„Ja bitte." Er drückte auf einen Knopf, und der Lift setzte sich in Bewegung. Treppabwärts gehe ich ja meistens zu Fuß. Lift heißt auf deutsch Aufzug, weil er den Menschen das Stiegensteigen ersparen und sie hinaufziehen soll. Hätte der Erfinder des Lifts beabsichtigt, sie auch hinunterzuziehen, hätte er den Aufzug Abzug genannt. Oder Auf- und Abzug. Oder sonst irgendwie.

Ein Ruck - schon unten? Nein. Der Lift war zwischen der fünften und sechsten Etage steckengeblieben.

„Typisch", brummte der Herr.

„Wieso?"

„Glauben Sie an das Gesetz der Serie?"

„Ja."

„Ich auch. Deshalb sagte ich ‚typisch'. Ich bin bereits zweimal mit einem Lift steckengeblieben, es mußte also so kommen. Das erste Mal hat es bloß ein paar Stunden gedauert, das zweite Mal - es war an einem Samstag mittag - ein ganzes Wochenende."

LIFT

Ich wurde nervös. Es war Samstag mittag. Aber da kam schon der Portier des Gebäudes heraufgestürzt. Wir sahen nur seine Beine, da wir ja zwischen zwei Stockwerken steckten. „Beunruhigen Sie sich nicht, meine Herren", sagte er, „der Lift ist neu, ich habe bereits mit der Konstruktionsfirma telephoniert - es wird gleich jemand da sein."

Der Herr nickte. Ich sah ihn mir an. Wie konnte ich auch zu einem Typ wie diesem in einen Lift steigen. Es gibt Menschen, die das Unheil anziehen. Schauen sie in einen Teich, sterben die Fische, reisen sie in einem Flugzeug, muß die Maschine notlanden, fahren sie in einem Lift, bleibt er stecken.

„Hoffentlich dauert es nicht lange", sagte ich.

„Das hoffe ich auch", meinte er, „wenn ich es auch nicht glaube. Ich habe, wie gesagt, schon einmal so etwas mitgemacht. Es war vor zwei Jahren in Caracas. Ich bin von der Elektrikbranche", stellte er sich vor, „Chefingenieur Geßler. Wir - eine österreichische Firma - bauten für die Venezolaner ein Umspannwerk. Der Bauleiter war ein Deutscher. Das heißt, sein Vater war Deutscher, die Mutter war Italienerin. Eines Abends lud er mich zum Diner ein. Er stellte mich seiner Frau vor, wir sahen uns an, und der Funken zündete."

Warum redet er soviel? Ich bin nicht neugierig. Meine Hände waren naß vor Nervosität. Wo bleiben die Leute von der Konstruktionsfirma? Wo sind die Beine des Portiers? Sie sind verschwunden.

„Sie war wunderschön", fuhr der Chefingenieur fort. „Venezolanerin. Das heißt, der Vater war Venezolaner, die Mutter war aus dem Libanon."

Wozu erzählt er mir das alles? Es interessiert mich nicht. Ich möchte weiterfahren. Wo sind die Beine des Portiers?

„Das Essen war traumhaft", schwärmte er weiter. „Der Deutsche - sein Name war Hellberg - hatte einen chinesischen Koch. Das heißt, der Vater war Chinese, die Mutter war aus Malaisia. Es gab ein malaisches Hammelragout - das ist Hammelfleisch -" Seine Mischungen gingen mir auf die Nerven. Wenn er jetzt noch sagt, dachte ich, der Vater war ein Hammel, die Mutter war ein Schwein, werde ich grob. Wann fahren wir endlich?

„Eines Tages", setzte er fort, „es war jener Samstag - war ich in unserem Büro, um noch einmal die Pläne für das Umspannwerk zu studieren, weil einige Messungen nicht stimmten. Da war nämlich -"

„Geben Sie sich keine Mühe", unterbrach ich ihn gereizt, „ich verstehe nichts von Umspannwerken."

„Das ist auch nicht nötig", meinte er. „Ich will Ihnen bloß die Situation erklären. Unser Office lag im vierzigsten Stockwerk eines Bürohauses - meine Berechnungen waren beendet - ich schloß die Türe ab und fuhr mit dem Lift hinunter. Außer mir war nur noch ein einziger Herr drinnen."

„Wie ich jetzt", bemerkte ich.

„Ja. Da - zwischen dem fünften und sechsten Stockwerk - blieb der Lift plötzlich stecken. Genau wie heute - genau an einem Samstag wie heute - die Büros waren geschlossen - kein Mensch war mehr in dem ganzen Gebäude - wenn der Lift nicht wieder anfuhr, gab es vor Montag früh keine Befreiung aus unserer Lage."

„Wo war der Portier?"

„Fischen. Er hatte es mir bereits beim Hinauffahren erzählt. Er fuhr immer über Weekend fischen."

„Hier *gibt* es aber einen Portier", triumphierte ich.

„Das nützt nichts", meinte Geßler düster. „Sie werden es sehen."

Im selben Moment erschienen die Beine. „Die Konstruktionsfirma hat bereits geschlossen", entschuldigten sie sich. „Ich habe aber nach einem Spezialisten geschickt. Er ist schon da. Es wird nicht mehr lange dauern."

„Sehen Sie?" sagte Geßler trübe.

„Nichts sehe ich", freute ich mich. „Sie haben ja gehört, daß bereits ein Spezialist da ist und daß es nicht mehr lange dauern wird. Sagen Sie", wollte ich mich dem Portier zuwenden, aber die Beine waren schon wieder fort.

„Es kommt wie damals", sprach Geßler weiter. „Wir waren gefangen, wir hatten nichts zu essen, nichts zu trinken, wir wußten, daß der Sauerstoff knapp werden wird ... "

Er hatte recht. Daran hatte ich gar nicht gedacht. Wenn wir wirklich nicht weiterkönnen, werden wir verhungern, verdursten und ersticken. Aber warum ließ ich mir bange machen? Wir können ja weiter. Der Spezialist war doch bereits am Werk.

Ruck! „Na also!" seufzte ich erleichtert. Geßler schüttelte den Kopf. „Das hat nichts zu bedeuten", meinte er traurig.

Die Beine erschienen wieder. „Der Spezialist kennt sich bei dieser Marke nicht aus. Er sagt, um zu wissen, wo der Fehler steckt, müßte man das Haus niederreißen. Ich habe die Feuerwehr verständigt. Die haben auch Experten. Der Defekt wird gleich behoben sein."

„Sehr gut!" lobte ich ihn. „Sagen Sie den Leuten -", ich wollte ihnen eine Belohnung in Aussicht stellen, aber die Beine waren schon wieder hinuntergelaufen. „Jetzt sind wir bald befreit", sagte ich zu dem Chefingenieur. Der lächelte bitter.

„Rechnen Sie nicht damit", sagte er. „Wenn ich in einem Lift fahre und der Lift bleibt stecken, dann bleibt er stecken. Ich weiß, wie es damals war. Da war dieser Herr. Zuerst unterhielten wir uns über unsere Lage, berieten, was zu tun sei, dann wurden wir nervös, aufgeregt, wir riefen, wir schrien, wir klopften mit den Fäusten an die Tür, wir beteten, wir fluchten - so wurde es Abend. Wir hatten Durst, an Hunger dachten wir nicht. Das war der Samstag. Wir setzten uns jeder in eine Ecke und versuchten zu schlafen. Es gelang uns nicht. Am Sonntag starrten wir uns an - ungewaschen, unrasiert, verzweifelt. Noch hatten wir einen Tag und eine Nacht zu überstehen. Da kommt man auf allerlei Gedanken. So dachte ich zum Beispiel an einen Krimi, den ich Jahre vorher gesehen hatte. Da waren auch zwei Männer in einem steckengebliebenen Lift eingeschlossen - und der eine von ihnen war ein Mörder." Ich zuckte zusammen. Er hatte das so seltsam betont. „Ein wahnsinniger Mörder", fügte er hinzu. „Solange er in Freiheit war, war er harmlos. Nur eingeschlossen sein - das konnte er nicht vertragen. Da erwachten seine Mordgelüste. Und ich - ich kann es auch nicht vertragen." Ich begann zu zittern. Der Mann wurde mir unheimlich.

„Hören Sie auf, solchen Unsinn zu reden", versuchte ich mutig zu sein.

„Unsinn?" fragte er und machte einen Schritt auf mich zu. Dabei sah er mich an, mit seltsam stechenden Augen, wie mir schien. „Er war ein Würger", setzte er fort.

„Hören Sie auf", wollte ich sagen. Ich konnte nicht. Meine Zunge war wie gelähmt, aus meiner Kehle drang kein Laut, meine Stimmbänder schienen sich verknüpft zu haben. Da - ein Ruck - der Lift setzte sich in Bewegung - wir fuhren abwärts. Ich dankte Gott, Allah, Manitou, Wischnu, Schiwa und der Feuerwehr.

Ich war gerettet.

„Um meine Erzählung zu beenden“, sagte Geßler, als wir ausstiegen, „der Mörder war gar nicht der Mörder, sondern der Kommissar - der Mörder war der andere. Und noch etwas: Hätte ich gewußt, was ich später erfahren habe - ich hätte den Lift, damals vor zwei Jahren in Caracas, niemals betreten.“

„Was haben Sie erfahren?“ fragte ich.

„Daß der Konstrukteur des Lifts - ein Liliputaner war.“ Damit ging er davon.

Ich sah ihm nach. Was hatte die Statur eines Liftkonstrukteurs mit dem Lift zu tun?

Wissen Sie es? Wenn nicht, denken Sie nicht darüber nach - es hätte keinen Zweck.

Epilog

Jedes Buch hat ein Ende - auch dieses. Meine Leserinnen und Leser sind es gewohnt, daß ich am Schluß meines literarischen Ergusses noch einmal auf den Titel desselben zurückkomme. In diesem Fall: Strichweise Sonne. Es folgt also nun, anstatt der letzten Geschichte, der Epilog.

Johannes Mario Bimsstein ist Schriftsteller. Kein Literat, aber er schreibt. Er schreibt Satiren, Kurzgeschichten, Humoresken, Sarkasmen. Seine Werke sind Bumerangs. Er schickt sie an Verleger, und sie kommen zurück. Dabei hat er sich bisher immer nur an kleine Verlage gewendet.

„Das ist dein Fehler", sagt ihm ein Freund. „So wirst du nie Karriere machen. Sei nicht so bescheiden. Schick dein neues Buch einmal einem *richtigen* Verleger. Einem Geschäftsmann, der es riskiert, Geld in dich zu investieren, auch wenn du noch unbekannt bist."

Bimsstein schickte sein Buch an den Pallas-Athene-Verlag. Nach vierzehn Tagen bekam er einen Brief: „Sehr geehrter Herr! Wir haben Ihr Buch gelesen und sind an der Herausgabe desselben sehr interessiert. Wir schlagen Ihnen den Februar nächsten Jahres als Erscheinungstermin vor, Auflage zehntausend Exemplare. Wenn Sie damit einverstanden sind, senden Sie uns die Kopie des beiliegenden Vertrages unterschrieben zurück. Wonach wir einen Vorschuß von Sch. 5 000.- an Sie überweisen werden." Wenn Sie damit einverstanden sind? Und ob er damit einverstanden war. Zehntausend Exemplare sind auch für einen bereits bekannten Autor eine schöne Zahl. Natürlich nicht für Simmel, Konsalik oder die Sagan. Da geht es in die Millionen. Aber für Bimsstein? Und fünftausend Schilling Vorschuß? Er unterschrieb.

Im Februar bekam er ein Paket mit dreißig Exemplaren

seines Werkes. So stand es im Vertrag. Für je tausend Bücher drei Freiexemplare. Bimsstein benützte sie als Mitbringsel zu Partys, als Geburtstags- und Weihnachtsgeschenke. Daß er von Buchhandlung zu Buchhandlung ging und in den Schaufenstern nach seinem Buch suchte, ist selbstverständlich. Leider konnte er es nirgends finden. Er schrieb darüber an seinen Verlag und bekam folgende Antwort: „Sehr geehrter Herr! In Erwiderung Ihres Briefes müssen wir Ihnen leider mitteilen, daß wir auf die Ausstellung Ihres Buches in den Schaufenstern unserer Kunden keinen Einfluß nehmen können. Hingegen machen wir Ihnen die freudige Mitteilung, daß wir bereits im Mai eine zweite Ausgabe Ihres Werkes herausbringen, und zwar in einer Zahl von zwanzigtausend Exemplaren."

Bimsstein war glücklich. Zwanzigtausend Exemplare! Im Mai werden dreißigtausend Exemplare seines Buches auf dem Markt sein! Der Mai kam ins Land und mit ihm der Postbote, der Bimsstein ein Paket mit sechzig Büchern brachte. Bimsstein wußte nicht wohin damit. Er suchte Bekannte auf, die er seit Jahren nicht gesehen hatte, er war nett und freundlich zu allen Menschen, nur um eingeladen zu werden und sein Buch mitbringen zu können. In seinem Freundeskreis war es auch bald bekannt. Man betrachtete ihn mit Hochachtung, lachte über jedes seiner Worte, schließlich gehörte er mit dreißigtausend Exemplaren zu den kommenden Autoren. Nur in den Schaufenstern der Buchhandlungen war sein Werk nicht zu sehen.

Im Herbst erschien die dritte Auflage seines Buches mit dreißigtausend Exemplaren, vor Weihnachten die vierte mit sechzigtausend. Bimsstein bekam einmal neunzig und einmal hundertachtzig Bücher. Kurz vor Neujahr gab es bereits eine fünfte Auflage, diesmal mit hunderttausend Exemplaren. Bimsstein bekam dreihundert davon. Er gab seine kleine Garconnière auf und kaufte eine Dreizimmerwohnung. In einem Zimmer wohnte und schlief er, in den beiden anderen wohnten die Bücher. Auf dem Buchhandelssektor gab es nichts Neues. Es schien, als ob es ein gesetzliches Verbot gebe, Bimssteins Buch in das Schaufenster zu legen. Im März kam die erste Jahresabrechnung. Bimsstein konnte es nicht fassen. Von seinem Buch war kein einziges Exemplar verkauft worden. Er bekam keinen Groschen - im Gegenteil, er war dem Verlag noch die fünftausend Schilling schuldig, die er als Vorschuß bekommen hatte. Wozu dann die vielen Auflagen, werden Sie mich fragen. Ich verrate es Ihnen: Johannes Mario Bimsstein war der Steuerabzugsposten des Pallas-Athene-Verlags.

Bimsstein gab die Schriftstellerei auf, seine Bücher spendete er Spitälern und Altersheimen, und bald war er dort ebenso gefürchtet wie redenhaltende Stadträte und singende Amateure.

Trotzdem war er nicht unglücklich. Er hatte sich im Scheine des Ruhmes gesonnt - und diese Sonne leuchtet nicht ewig. Man soll sie genießen, wann immer sie strahlt. Die Sonne des Ruhmes wie die Sonne des Glücks. Dem einen leuchtet sie länger, dem anderen kürzer, aber allen nur:

•

STRICHWEISE

ENDE